삶의 숲

삶의 숲

김영성

불교문예

우리는 일상에서 많은 경험을 한다. 흔히 하는 일상생활 경험, 특이한 경험 등 우리가 겪는 경험은 다양하다.

독자 여러분이 아직 겪지 않았다면 앞으로 살아가면서 조금이나마 도움이 되지 않을까 싶은 생각에 삶의 이야기를 어른의 마음으로 표현해 보았다. 같은 경험을 해 보았다면 서로의 생각을 나눌 수 있는 시간이 되리라고 본다.

어찌 보면 내 삶의 이야기이고 인생의 역정 스토리이다.

독자 여러분이 이 삶의 숲에 들어 오솔길을 천천히 걸어가듯 저자와 발걸음을 같이하는 산책의 시간이 되었으면 한다. 그리고 삶의 숲, 즉 이야기 숲 곳곳에 숨어있는 '지혜'라는 보물을 찾아갔으면 한다.

2023. 7

김영성

차례

2장

3장

4장

5장

1장

문해교육文解教育의 추억

봄기운이 왕성한 5월 초순이었다. 퇴직 전 직장에서 친하게 지내던 지인으로부터 문해교육 강사를 해보지 않겠느냐는 전화가 왔다. 본인은 다른 데서 이미 활동하고 있는 관계로 갈 수가 없다는 것이었다.

나도 평상시에 뜻이 있었던지라 흔쾌히 받아들이고 안내해준 해당 기관으로 갔다. 지인으로부터 이미 연락이 되어 있었던 터라 관계 직원은 반갑게 맞아주었다. 사무실에 방문하여 내놓은 신청서를 작성해 주고 실무자와 면담을 한 다음 앞으로 담당할 마을을 안내해주었다.

사업 명칭은 '찾아가는 한글학당'이었다. 해당 어르신들의 명단도 넘겨받았다. 접수된 인원은 20여 명이 넘었다. 이 사업은 이미 올해 초부터 시작되었으나 담당하던 강사가 개인 사정으로 그만두었다는 것이다. 교재와 출석부 등 관련 자료는 해당 마을의 반장한테 있다고 하였다. 수업시간은 하루 2시간씩 주 2회였다. 나는 수업시간을 화요일과 수요일 오후 2시부터 4시까지로 잡았다. 부임 장소와 날짜를 정하고 부임 당일 담당자와 함께 가기로 하고는 집으로 돌아왔다.

나는 부푼 꿈을 안고 부임 날을 기다리며 자신의 소개말을 허드레 종이에 적어보고 이를 다시 컴퓨터로 워드 작업하여 프린터 해 놓았다.

드디어 부임 날이 왔다. 먼저 해당 기관으로 가서 관계자들을 만나고 담당자 차를 앞세워 내 차가 뒤를 이어 따라갔다. 마을 입구에 들어섰다. 전형적인 시골 마을이었다. 마을 형태는 집성촌이 아니라 여러 군데로 분포되어 길게 늘여져 있었다.

마을회관도 그다지 크지 않고 아담하였다. 마을회관의 유리창 미닫이 출입문을 열고 들어서니 마을 어르신 8분이 자리하고 있었다.

담당자가 먼저 인사말을 하고 이어 나를 소개하였다. 나는 준비해간 소개서 프린트물을 보아가며 나의 소개와 앞으로 수업방법 등을 말했다. 그렇게 첫날은 교과서 없이 간단하게 진행하고 반장님으로부터 교재와 자료를 받아 집으로 돌아왔다.

다음 수업 일은 인계받은 교재로 전에 했던 부분에 이어 교새 중심으로 수업을 진행하였다.

받아쓰기 시험도 보고 어려운 단어는 공책에 써보게도 하였다. 그리고 숙제도 내주고 다음에 나올 때 확인하는 도장을 찍었다.

받아쓰기 시험은 답안지 서식을 컴퓨터로 작성하여 나눠드리고 불러주는 대로 그 답안지에 받아쓰도록 하였다. 작성한 받아쓰기 답안지는 한분 한분 차분하게 틀린 부분을 바로잡아 다시 쓰게 하여 모두 100점을 드렸다.

후일 들은 말이지만 해당 기관에 100점을 맞게 해주었다고 자랑도 하였다고 한다. 받아쓰기뿐만 아니라 말 연결하기 등의 시험문제도 출제하여 배부하고 답안을 작성하도록 하였다. 시험문제에 보다 능숙해지게 하는 나름의 방편에서였다.

이렇게 수업하다 보니 나이 드신 어르신들이 힘들어하고 별 흥미도 없어 보였다.

흥미를 유발하기 위해 손자들이 보게 하려고 놓아두었던 동화책을 여기저기 뒤져서 좋은 내용을 찾았다. 그리고는 그 내용을 컴퓨터 워드로 다시 글자 포인트를 크게 작성하여 프린트해서 나눠주고 다 같이 큰 소리로 읽어 보았다. 의외로 흥미를 가졌다. 다 읽고 난 다음에는 동화 내용에 대해 서로 본인들이 느낀 평도 해주었다.

더 흥을 유발하기 위하여 교재에 나오는 초등학교 노래 외에 더 많은 노래를 컴퓨터로 워드 작업하여 나눠드리고 먼저 문자 해득을 위해 가사를 크게 같이 읽어 보았다. 다음에는 가져간 이동식 스피커(블루투스bluetooth 기능이 있음)에 휴대폰 정보를 내려받아 해당 곡이 나오게 한 다음 따라 부르게 하였다. 나중에는 유행가 가사도 편집해서 프린트 작업하여 같은 방식으로 수업을 진행하였다.

감동이 가는 시詩도 발췌하여 편집, 프린트해서 나눠드리고 같이 낭독하면서 음미해 보았다.

숫자 읽기는 처음 1부터 100까지 따라서 수없이 반복하고 나중에는 1000까지의 숫자 구성에 대해서도 알려주었다.

구구단을 프린트해서 나눠드리고 매 수업 전에 한 번씩 따라 외우도록 하였다.

영어 알파벳도 프린트해서 나눠주고 수업 전에 한 번씩 읽어 보는 시간을 가졌다.

모든 학습이 그렇듯이 공부는 반복하는 방법밖에 없다.

이렇게 학습 자료를 프린트하다 보니 프린터기의 잉크 소요와 복사지도 많이 소비되었다. 그러나 봉사하는 마음으로 제공하였다. 오히려 어르신들이 더 염려해 주셨다. 자료는 항상 미안하고 고마운 마음으로 받아주셨다.

이렇게 낯이 익어가면서 관계가 편해져 갔다. 그러다 보니 때에 나는 포도나 복숭아며, 감 등을 선물해 주셨다. 부담스러웠지만 안 받으면 더 큰 오해를 받을까 싶어 고마운 마음으로 받았다.

그해 가을에는 청와대를 단체 방문할 기회가 생겨 같이 나들이도 다녀왔다. 청와대 방문기념으로 단체사진도 남겼다. 나는 이 단체사진을 포토샵 하여 '청와대 방문기념'이란 글씨를 넣어 사진관에서 현상한 다음 나눠드렸다. 모두가 기뻐서 어쩔 줄 몰라 했다.

이렇게 흥미를 가지고 수업하던 중 그다음 해 2월 말경 코로나19 창궐로 수업이 중단되고 갑자기 어르신들과 결별을 하게 되었다. 처음에는 조금 지나면 코로나19의 상황도 끝나고 일상으로 회복될 것이라고 가볍게 생각하였다. 그러나 생각하는 것과 같이 코로나19는 쉽게 끝나지 않았다.

그다음 해에 나는 초등문해교육 자격연수나 같은 교육을 평생교육진흥원에서 이수 받았다. 더 나은 질로 어르신들을 가르치기 위해서였다.

이제 어르신들을 다시 만나볼 수 있는 기대와 설렘으로 기다리고 있지만 코로나19로 인한 사회불안은 쉽게 종식되기는 어려워만 보인다.

계속해서 수업이 이어졌더라면 더 많은 자료와 연구로 어르신들에게 더 유익한 삶의 정보를 제공하였을 텐데 하는 아쉬움만이 남았다. 그때 어르신들의 즐거워하시던 표정이 오늘도 마냥 그립기만 하다.

어머니와 요양원

어머니는 시골 소박한 농부農婦였다. 하루 종일 일만 아셨고, 일이라면 누구에게도 지지 않는 의지가 강한 분이었다. 논이나 밭일은 물론이거니와 소, 닭, 돼지 등 가축도 사육하고 누에치기, 담배재배, 목초재배 등 농촌 장려 사업에도 참여하여 우리 육남매를 키우신 여장부였다.

이것저것 돈이 되는 거라면 뭐든 시장에 내다 팔던 시절, 어린 우리를 독촉하여 손수레를 끌게 하고 지게도 지게 하여, 시골에서 나는 호박, 고추, 오이, 감자, 고구마, 참깨, 수박, 참외, 배추, 무 등을 시장에 내다 팔았다.

그때 나는 어린 마음에 손수레를 끌거나 지게를 지고 가는 것이 얼마나 창피했는지 모른다. 이처럼 어머니는 삶에 대한 집념이 대단하셨다.

그러던 어머니가 내가 직장을 잡고 결혼하여 며느리를 맞아들이면서 이제 편하게 지내시려나 했는데, 어느 날

갑자기 중풍이라는 병마가 찾아들었다. 이 중풍은 한방 병원에 입원하여 침을 맞으며 며칠에 걸쳐 치료되는 듯 싶었으나, 얼마 후 다시 재발하여 중풍과 오랜 싸움이 시작되었다. 어머니는 다소 비만이었기에 더욱 거동에 많은 불편을 겪으셨다. 팔순이 넘어서는 걷지도 못하고 바닥을 밀고 다닐 정도였다.

그러던 어머니에게 가족 이름을 깜박깜박하는 치매 증상까지 찾아들었다. 이에 집사람이 고민 끝에 어머니를 자신의 지인이 소개한 요양원으로 모시자고 했다. 나는 가족의 의견도 안 들어보고 요양원으로 모시자고 한 아내의 말을 듣고 상당히 불쾌한 생각이 들었다. 어머니를 되도록 집에서 모시고 싶었기 때문이다.

가장 믿었던 집사람이 못 모시겠다는데 다른 사람이야 당연히 찬성할 거라는 생각이 들었다. 일단 우리 4형제들을 모아 놓고 어머니를 요양병원에 모시는 것에 대하여 의견을 물었다. 그러나 누구 하나 선뜻 반대 의견을 내놓지 않아 어머니를 요양원에 모시기로 했다.

처음에는 어머니가 치매 증상이 그리 심할 때가 아니라서 한사코 집으로 가자고 말씀하셨지만 누구 하나 나서

지 않고 또한 대수롭게 생각하지도 않았다. 요양원에 어머니를 모신 것이 당연한 행동이라고만 생각하고 지나쳐 버렸다. 그리고 거짓말을 수없이 했다. "다 나으면 집에 가자"는 거짓말이었다.

며칠 뒤에 들은 이야기로 시중드는 요양보호사를 때리고, 쥐어뜯는 일도 발생하였다고 한다. 그 일이 일어난 뒤로 침대에 양 손목이 묶여 있는 어머니를 보았다. 그로인해 손이며 팔뚝에 파란 멍 자국도 보였다. 너무도 안타깝고 가슴 아픈 모습이었다. 눈시울만 적셔질 뿐 방법이 없었다. 그렇지 않으면 집으로 모셔야 하고 누군가 상주하며 돌볼 사람이 필요했기 때문이다.

그 뒤로 어머니는 서서히 현실에 순응하면서 말수가 적어지고 주무시는 시간이 많아졌다. 그 비만하던 몸은 날이 갈수록 여위어 갔다.

치매 증상이 악화되어서인지 정신도 흐릿해지면서 집에 식구들 이름도 기억하지 못하셨다. 모든 걸 체념하듯 침대에서 잠만 주무시는 생활을 하셨다.

침대에만 누워계시면서 힘에 겨워하시는 어머니를 볼 때마다 눈물만 날 뿐이었다. 그렇게 어머니는 3년 동안 요양원생활을 하시다 보니 뼈만 앙상하게 남게 되었다.

그러던 어느 날 요양원으로부터 전화가 걸려왔다. 어머니가 임종이 임박하였으니 방문하라는 것이었다. 나는 서둘러 누나와 동생들에게 이 사항을 알리고 그날 오후 누나랑 요양원에 갔다. 어머니는 한쪽 조용한 방에서 산소 호흡기를 의지한 채 누워계셨다. 두 눈을 감고 누구도 알아보지 못하셨다. 그저 숨만 몰아쉬고 계셨다.

누나가 먼저 어머니의 손을 만지면서 따뜻하게 해주었다. 그러자 의식이 없던 어머니가 손을 흔들어 나의 손을 요구하셨다. 어머니가 정신이 돌아오신 것일까? 어머니의 손을 부드럽게 잡았다. 따뜻했다. 너무도 평온한 기운이 내게 전달되었다.

나는 순간 하느님과 모든 신에게 감사의 말을 되뇌었다. 몇 번이고 "감사합니다"를 반복했다. 잠시 어머니의 정신이 돌아오신 것이다.

다음 날 아침 어머니는 한 많은 이 세상을 등지고 누나의 정성 어린 기도 속에서 편하게 저세상으로 떠나셨다. 90세를 못 넘기신 89세의 나이로 요양원에서 생을 마감한 것이다.

그 뒤로 나는 사회복지사와 요양보호사 자격을 취득했다. 취득과정에서 현장 실습을 통해 요양원의 실태에 대해 새롭게 알았다.

사실 어머니를 요양원에 모실 때만 해도 나는 요양원이라는 곳을 잘 몰랐다. 그저 거동이 불편하고 편찮은 노인분들을 잘 돌봐 주는 곳으로만 알았다.

이제 어머니는 저세상으로 떠나가셨지만, 요양병원 생활을 얼마나 힘들어하셨을까 생각해보게 된다. 말 못 할 사연들도 혼자 삭히면서 외롭고 원망스러운 요양원 생활을 하셨을 것이다. 나만은 효자 아들로 남겠다는 의지도 요양원에 모심으로써 무참히 꺾이고, 어머니를 비겁하게 모신 것 같은 죄스러움을 떨쳐버릴 수가 없다.

나이 들어 거동이 불편하거나 몸이 편찮은 부모는 의례 것 요양원으로 모시려는 요즘의 세태를 보면서 나 자신을 고민해 본다. 이제는 나에게 닥친 현실임을 의식하면서 깊은 생각에 빠져본다.

아버지의 삶

어릴 때 나는 첫아들로서 사랑을 한 몸에 받는 귀염둥이로 자랐다. 아버지는 초등학교 들어갈 때까지 등에 업고 친구 모임이며 동네 행사에 함께 다녔다. 학교에 다니면서부터는 아버지와 붙어 다닐 기회가 없어졌다. 학교도 다녀야 했지만, 서서히 집안일과 농사일을 도와야 했기 때문이다.

아버지는 글씨가 명필이라고 소문이 자자했다. 면사무소에도 근무하고, 마을 이장, 산림 계장 등 두루 사무적인 일을 많이 하셨다.

이에 마을의 뉘 집 제삿날이면 자연스럽게 초청을 받아 지방, 축문 등을 써 주고 술과 음식을 대접받았다.

그러다 보니 들일은 어머니 차지였다. 아버지는 한량처럼 한사코 바깥으로 돌아다니다가 저녁이 되어서야 술에 취해 돌아오셨다. 농사일은 항상 뒷전이라 어머니와 많이 다투셨다.

내가 고등학교시절 아버지는 간이 안 좋으셔서 심한 일을 못 하고 많이 힘들어하셨다. 그래서 힘든 일은 내가 도와드려야 했다.

고3 시절 집안일을 많이 도와드리지 못하고 공부에 전념하고 있을 때 아버지가 집안일도 해가면서 공부를 하라고 하셨다.

"일하면서 공부를 하면 공부가 더 잘 되는 법이다."라고 아버지가 입버릇처럼 말씀하셨다. 그러나 그때 나는 무척 긴장된 상태에서 공부하던 때라 아버지에게 가슴 아픈 말을 하고 말았다.

"아버지! 저는 재산도 필요 없으니 마음 놓고 공부만 할 수 있게 해주세요."

순진한 내가 당당하게 아버지께 말씀드린 것이다.

아버지는 이 말을 듣고 소리 없는 눈물을 흘리셨다. 이런 말을 한 나도 가슴이 아파왔다. 지금도 그 모습이 눈에 선하다. 아버지는 몸이 편찮으신 데다 이때부터 마음도 약해지셨던 것 같다.

고등학교를 졸업하고 나니 취업이 문제였다. 그래서 부

산 작은아버지에게 찾아갔다. 그곳의 직업소개소를 통해 공장일도 해보고, 식당 종업원도 해보다가 이러면 안 되겠다 싶어 기술이나 배워 볼까 하고 서울 고모 집에 찾아갔다. 마침 고모네 형 소개로 자동차 운전면허시험장에서 일하다가 군대에 입대하게 되었다. 이러다 보니 아버지와 가까이하거나 시골 일을 도와드릴 기회가 없었다.

군대 입대하여 훈련을 마치고 휴가를 1주일 받아 나왔을 때 아버지의 몸 상태는 눈에 띄게 안 좋으셨다. 휴가 나오면서 유일하게 군대의 화랑 담배를 가져다드렸다. 뒷말로 아버지는 이 화랑담배를 자랑하며 동네 사람들과 나눠 피웠다고 한다. 그게 마지막 선물이 될 줄이야.

군 휴가를 끝내고 복귀하여 자대 배치를 받아 어려운 군대 생활을 하던 중 아버지의 부음訃音을 전해 받았다.

집으로 향해 오는 내내 나는 울었다. 아버지와의 추억도 생각났고, 아무것도 해 드릴 수 없었던 능력 없는 내가 한탄스러웠다. 아직 나에게는 아버지의 죽음이 인정되지 않았다. 부모는 하늘나라로 가셔도 자식의 가슴속에 영원히 살아계시는 것 같다.

누구나 아버지에 대한 추억은 있다고 본다. 나의 학창

시절은 어려운 형편이라서 제각기 자기 할 일을 하느라 바쁘게 살아서인지 아버지와 편하게 대화하고 지낼 여유가 없었다. 또한, 세상을 이리저리 판단할 힘과 여력도 없었다. 그저 부모님만 믿고 아무 생각 없이 철부지처럼 지낸 때였다.

이제야 철이 좀 들었다고나 할까, 아버지와 좀 더 친하게 지냈더라면 하는 생각이 든다.

나도 자식을 낳아 아버지가 되고 보니 살아생전 아버지에 대해 소홀했던 것이 아쉬움으로 남는다. 그리고 아버지가 자식에게 바라는 게 무엇이었을까 생각해보게 한다. 나는 아버지의 기대만큼이나 일찍이 공부도 못했고 능력도 없었지만, 아버지의 기대에 부응副應하기 위해 노력했다. 평생 아버지를 의식하면서 살았다. 직장근무도 누구보다 열심히 했고 학업에도 계속 정진하였다. 남은 삶도 아버지가 지켜보신다고 생각하며 열심히 살 계획이다.

그리고 내가 아버지로서 자식에게 해야 할 것이 무엇인가 생각해본다. 무엇보다 자식과의 의사소통을 가져야 하고 만남의 기회를 많이 가져야겠다는 생각이 든다. 서로를 항상 바라보면서 부모와 자식 간의 정을 쌓아 보려

한다.

아버지가 살아계신 분들은 이제라도 아버지에 대해 관심을 가졌으면 한다. 대개의 아버지는 가족을 경제적으로 책임을 져야 하기 때문에 직업 전선에 근무한다. 그로 인해 가족과 같이 있을 시간이 적다. 때에 따라서는 밤까지 근무하거나 일이 끝나도 술자리나 모임 등이 많다. 아버지는 이처럼 남모르게 고달플 수 있다. 이런 아버지의 고마움을 알고 살아야 한다.

아버지와 일부러 대화도 해보고 도와드릴 일이 없는지도 생각해보았으면 한다. 전화 통화나 문자 등으로 연락도 유지하고, 어버이날과 생일날에도 조그마한 선물이라도 드려서 위로해 드리는 것도 좋을 것 같다. 꼭 많은 돈이나 비싼 물건을 선물하는 게 효도가 아니라고 본다. 관심이 곧 효도라고 생각한다.

유혹誘惑

유혹은 부드러운 바람결 같고 달콤한 벌꿀과 같다. 감미로운 여인의 품과도 같고 불 속에라도 뛰어들 것 같은 열정이 생기게 한다. 설렘을 만들고 충동을 일으키며 욕심에 휩쓸려 아무 생각 없이 따라가게도 한다.

유혹은 상대방에게 당하는 때도 있으나 자기 자신에 의해서도 실행되고 어떤 환경이나 사물에 의해서도 이루어진다.

나는 10대 후반에 물의 유혹에 넘어간 적이 있다. 그때만 해도 저수지 물놀이가 허용되었던 시절이라 여름이면 저수지에서 수영하고 놀았다.

비가 많이 내린 뒤라서인지 마을 뒤 저수지가 가득 차면서 더 커 보이는 무더운 오후였다. 물이 가득 찬 저수지를 보자 헤엄으로 횡단하고 싶은 유혹이 생겼다. 영웅 심리가 발동하여서일까? 날씨는 무더운 데다 넘실대는 푸른 물이 나를 어서 오라고 유혹하는 것 같았다. 그 무렵 나는 수영도 미숙해서 하면 안 되는 상황이었다. 그러나 젊은 혈기로 저수지 물에 뛰어들었던 것이다.

물은 미지근하여 물놀이하기 좋은 감촉이 온몸에 전해졌다. 기분 좋게 수영을 하여 절반쯤 갔을 때 갑자기 물이 차가워지면서 겁이 나자 온몸에 힘이 빠졌다.

돌이킬 수 없는 상황이었다. 이미 절반을 넘게 와 버렸기 때문이다. 누가 구해줄 상황도 아니었다.

"사람 살려!" 하고 소리도 쳐 봤다. 겁에 질려 있는 몸에서 나오는 목소리는 수면 속으로 흡수되어 퍼져 나가지 못했다. 주변 사람들도 지켜만 보고 있을 수밖에 없었다. 온몸이 굳어진 것처럼 힘을 쓸 수 없었다.

그냥 가라앉지 않을 정도로만 허우적거리고 있었다. 물풀이 우거진 부근을 지나면서 이제 다 왔나 싶어 발을 디뎌봤다. 아직 키를 훌쩍 넘기는 깊이였다. 오히려 더 겁이 났다. 물풀을 서서히 젖히며 조금씩 전진한 결과 다행히 횡단에 성공해서 살았다. 물풀을 잡고 나온 나는 땅바닥에 정신없이 쓰러졌다.

어느 정도 시간이 흐르자 몸이 조금씩 풀리기 시작했

다. 젊은 나이임에도 얼마나 지쳤던지 일어서서 걸으려 하니 수면제 먹은 것처럼 몸이 휘청거렸다. 지켜보던 주변 사람들이 그제야 괜찮은지를 물었다.

나중에 안 사실이지만 저수지 물풀이 난 부분이 더 위험하다고 했다. 만약에 물풀이 몸에 감기면 여지없이 죽는다는 것이었다.

잠깐의 유혹으로 목숨을 잃을 수도 있었던 그때를 생각하면 지금도 정신이 아찔하다. 이렇듯 유혹으로 목숨이나 재산, 명예 등을 한순간에 잃을 수 있으며, 잘못되면 범죄자로 몰락할 수도 있다.

성범죄나 흉악범의 경우를 보면 영화나 소설의 일부 묘사내용, 친구들이나 주변 사람들의 경험담 등의 모방심리에 의해서 발생하는 경우가 많다고 한다. 이런 선정적煽情的이고 음흉陰凶한 내용에 대한 상상력의 유혹에 끌려 모방범죄를 실행하다가 범죄자가 되어버린 경우이다. 요새 말썽을 많이 일으키는 보이스 피싱voice phishing의 수법에도 유혹의 덫이 있다.

어떤 때에는 술자리를 빌려 유혹하기도 한다. 술을 먹여 정신이 해이해지는 틈을 타 속이거나 범죄행위를 하는 경우이다.

또한, 청소년 단체 범죄의 경우, 여럿이 하면 죄가 안될 것 같고 약할 것 같으며 덮어갈 것 같은 단체심리 유혹에 빠져, 집단 괴롭힘이나 폭행 등에 가담하여 나중에 후회가 될 범죄를 범하는 경우도 있다.

상대방이 어떤 목적을 두고 접근하여 유혹하는 경우로는 돈을 갈취喝取하거나 중요 정보 획득, 포섭, 방해 공작, 모함이나 모략작전 등 여러 가지가 있다.

유혹에 당하지 않으려면,

첫 번째 자신에 대한 확고한 인생관이 확립되어 있어야 한다.

두 번째 취미활동을 하면서 정서적으로 안정된 삶을 가져야 한다.

세 번째 선정적인 소설이나 성적 자극을 유발하는 영화 등은 자제하고 교양 도서 읽기 등으로 건전한 삶을 살도록 노력해야 한다.

네 번째 친구 따라 강남 간다는 말이 있다. 질 나쁜 친구들을 사귀다 보면 유혹에 넘어가서 결국 그들과 같이 나쁜 짓을 하게 된다. 나쁜 친구는 멀리해야 할 것이다.

다음으로는 일의 정황이나 상황 판단이 중요하다. 때에 따라서는 믿음보다는 의심도 해봐야 하고 확인도 해봐야 한다. 주변에 질이 나쁜 사람이나 사기성이 있는 사람들과는 멀리해야 좋을 것이다.

다섯 번째 보이스 피싱 수법에 대해서도 사전에 잘 알아 두어야 유혹의 덫에 걸리지 않는다.

여섯 번째 술자리에서도 이상한 낌새가 느껴지면 다른 핑계를 대고라도 그 자리를 자연스럽게 벗어나는 게 좋다고 본다.

이 밖에도 유혹의 유형은 수없이 많다. 그때나마 잘 처신하여 위기에서 벗어나는 것은 오직 자신뿐이라는 것을 잊어서는 안 된다.

지금도 유혹의 그림자는 우리 주변이나 나를 맴돌고 있다. 항상 경계하는 마음을 놓지 말아야 한다.

직장인職場人의 삶

내가 처음 발령을 받아 직장에 배치되었을 때는 꿈과 설렘을 안고 열심히 해보겠다는 각오로 임했다. 그러나 사회경험이 없는 나는 여러 사람과 부대끼면서 보이지 않는 스트레스를 받게 되었고, 처음에는 같이 활동한다는 그 자체가 피곤하게 느껴졌다.

남들에게는 좋은 직장으로 보일지 몰라도 적응하면서 무기력증을 느끼기도 하였고, 이제까지 겪어 왔던 내 삶과의 충돌이 일어나기도 했다.

처음 직장에 들어가면 누구나 적응 기간이 필요하다. 이 적응 기간을 이겨내지 못하면 아무리 황금 직장이라 할지라도 그만둬야 할 수도 있기 때문이다.

그동안의 경험을 통해 느낀 생각을 토대로 직장인으로서 가져야 할 기본 요건에 대해 정리해 보면 아래와 같다.

첫째 직장에 근무하면서 제일 먼저 접하는 것은 직장예

절이다. 직장은 대부분 혼자 근무하지 않는다. 몇 사람의 구성원이나 여러 사람과 근무해야 한다. 그러다 보면 자동으로 상하 관계가 정해지고 이에 따라 책상의 자리가 정해진다. 직위에 있어서는 나이와 상관없이 상관에게는 어른 같이 대해야 하며 예의를 갖추어야 한다. 직장에 들어서면 상호인사와 함께 좋은 분위기 만들기에 노력해야 한다. 근무시간을 잘 지켜야 하며 지각, 무단외출, 무단결석, 무단조퇴 등은 근무성적에도 반영되지만, 직장인이 하지 않아야 할 기본자세이다. 그리고 직장 내에서의 사적 다툼도 허용되지 않는다. 이럴 때는 직장 상사와 상담을 하거나 개별적으로 해결해야 한다. 복장이나 몸의 꾸밈도 너무 화려하거나 누추하지 않게 그 직장 분위기에 맞아야 한다.

두 번째 업무수행능력이다. 직장이란 곳은 맡은 바 일을 잘 처리하여야 한다. 수익을 올려야 하는 직장은 더욱 그렇다. 일을 제때 처리하지 못해서 비난을 받거나 문책을 받으면 본인은 물론 관계된 여러 사람이 피해를 보게 된다. 업무를 잘 처리하려면 직장 일에 전념하여야 하고, 업무 습득을 위한 노력이 필요하다.

세 번째 청렴성이다. "돈 보기를 돌과 같이하라"는 말이 있다. 이런 말이 직장인에게 딱 들어맞을 수가 있다. 업무를 처리하다 보면 이해관계가 생기고 부탁도 들어오며 갖가지 유혹이 따를 수 있다. 어렵게 들어온 직장을 까딱 잘못하면 하루아침에 잃어버릴 수도 있으므로 청렴은 강조하고 또 강조해도 지나치지 않다.

네 번째 인간관계이다. 직장에서는 많은 사람과 함께 부대끼며 근무할 수 있으며, 외부 사람이나 민원인들과 접촉하는 경우가 많다. 직장 상사나 동료 그리고 부하직원과도 원만한 관계가 형성되어야 직장생활도 편하고 승진에서도 남보다 앞설 수 있다. 외부인이나 민원인과도 마찰 없이 친절하고 신속하게 업무가 처리되어야 직장은 물론 개인 발전에도 도움이 된다.

다섯 번째 자부심이다. 회사이든 공직이든 자기 직장에 대해 자부심을 가져야 한다. 자부심이 강할수록 업무능률도 오르고 자기 발전에도 도움이 된다. 회사에 대해 불평불만을 말하는 이는 자신에게도 안 좋고 회사발전에도 도움이 안 된다. 회사 퇴출 대상자가 될 뿐이다.

여섯 번째 자기계발이다. 부단한 자기 실력을 쌓아야

회사발전에 기여할 수 있고 자기 발전도 가져올 수 있다. 근무가 끝나고 동료들과 술이나 마시고 오락 등으로 시간을 보내버린다면, 잘 나가는 동료들을 보면서 나중에 후회하게 될 것이다.

　일곱 번째 건강생활이다. 건강은 백번을 강조해도 지나치지 않다. 규칙적인 운동과 충분한 휴식과 수면, 그리고 알맞은 영양섭취가 필요하다. 직장 업무를 활기 있고 원활하게 처리하려면 몸 상태도 좋아야 하고 무엇보다 건강해야 한다.

　여덟 번째 취미활동이다. 평상시 취미 하나씩은 가져보면 좋을 듯하다. 취미는 정서적으로 안정을 가져오며 스트레스 해소에도 도움이 된다. 오랜 수련으로 실력이 늘어나면 나의 자랑거리로 내세울 수 있고, 직장근무에도 활력의 요소가 될 수 있으며 두루 쓰임새가 많아질 것이다.

　직장은 대부분 여러 사람이 근무하기 때문에 조직이 형성되고 상하 관계가 분명해진다. 상관은 부하의 행동과 업무 등을 관리 감독監督하며 일에 대한 지시도 한다. 따라서 일단은 이 조직 관계에서 긴장감이 생긴다. 윗사람이 또는 아랫사람이 서로 지켜보고 있기 때문이다. 하급

자의 경우 상급자가 자리에 앉아만 있어도 긴장감이 생긴다.

업무로 인한 긴장감도 생긴다. 맡겨진 업무를 제 때에 맞게 잘 처리해야 하기 때문이다. 때로는 업무분담에 있어 서로 갈등과 불만으로 긴장이 조성되기도 한다. 근무시간이나 근무 자세 등의 엄수로 인한 긴장감도 있다. 출퇴근 시간은 잘 지켜져야 하고 복장이며 근무하는 태도도 직장에서 요구하거나 정하는 바에 따라야 하기 때문이다.

직장은 생계유지를 위한 유일한 수단이다. 직장에서의 이런 긴장감은 감수해야 한다. 긴장감 속에서도 자기 처신에 따라 직장의 포근함과 행복감을 느낄 수 있다. 이런 긴장감이 있어야 직장의 업무가 잘 처리되며, 직장 질서가 유지되고 실적도 올릴 수 있다.

직장은 내가 거주해야 할 제2의 보금자리이다. 항상 긴장감 속에서 직장의 고마움을 생각하고, 내일이 기다려지는 즐거운 직장이 되도록 자신이 끊임없이 노력해야 할 것이다.

치아 관리

나는 7년 전 오른쪽 아래 어금니 2개가 충치 먹어서 치료하고 금니를 했다. 금니를 한 후 사용해 보니 어딘지 모르게 어색하고 전처럼 자유롭게 씹을 수가 없었다.

그래서 왼쪽 위 어금니의 충치 치료를 미루어 왔는데 최근 미루어 왔던 충치가 아파 왔다. 밤에 잠도 설칠 정도로 고통이 따랐다. 할 수 없이 치과병원을 찾아가기로 하였다.

치과병원은 아내가 평상시 다니던 곳으로 정하고 다음 날 오후에 방문하였다. 그날따라 사람들이 많았다. 이 병원 진료가 처음이라 먼저 인적사항을 기록하여 접수하고 간호사가 준 문진표를 작성하여 제출했다. 아픈 이가 어느 쪽인지를 물어보더니 용지에 체크check하였다. 대기실을 둘러보니 치과에 대한 의료기관지만이 질서 있게 꽂혀 있었다.

조금 기다리니 호명하였다. 두 번째 치료 대에 가서 앉으라고 간호사가 말했다. 가서 조심스럽게 앉았다. 잠시 후 간호사가 나의 의자를 눕히더니 여기저기 입안의 치아를 점검하고 마련된 진료 서식 용지에 체크하였다. 그러고 나서 엑스레이 사진을 찍자고 하였다. 엑스레이 촬영실은 좁고 작았다. 의자에 앉아 사진만 찍을 정도였다. 촬영된 영상은 바로 모니터 화면을 통해 나타났다. 이 3개가 나란히 찍혀 있었다.

잠시 후 의사분이 치료할 부분을 살펴보면서 자세한 설명을 하는데 의학적 전문분야라 쉽게 설명한다고 해도 이해가 쉽진 않았다. 설명 내용의 결론은 신경치료를 해야 한다는 것이다. 우선 아픈 이를 치료하기로 하고 해당 이에 마취제 주사를 놓았다. 그리고 드르르르 이를 가는 소리가 한참 동안 났다. 이어서 신경을 제거한다고 했다. 마취제 덕분인지 아프지는 않았다. 뚫린 이에 철사 두 가닥을 꽂고 다시 엑스레이 사진을 찍었다. 철사가 뚫린 이 사이로 선명하게 나타났다. 다시 임시봉합하고 다음 주에 치료를 예약하고서 치과를 나섰다.

두 번째 치료 날은 예약이 되어서인지 곧바로 치료에

들어갔다. 먼저 처음에 했던 이의 봉합을 풀고 치료했다. 치료 후 다시 엑스레이 사진을 찍어 확인했다. 오늘은 옆의 이를 치료하기로 했다. 우선 거울로 해당 이를 보여 주었다. 까맣게 이 뿌리까지 충치를 먹은듯한 모양이 흉해 보였다. 이 이도 신경치료 해야 한다면서 마취제 주사를 놓았다. 그리고 드르르르 이 가는 소리가 한참 들리더니, 저번과 같은 순서와 방법으로 치료하고 봉합하였다. 3일 후 치료를 이어가기로 예약하고 치과를 나섰다.

세 번째 치료 날은 금으로 덧씌울 작업을 해야 한다고 하면서 어금니 3개를 이가 시리도록 갈고 고무찰흙처럼 물렁한 것을 시간을 두고 물게 하여 본을 만들었다. 그리고 또 임시로 봉합을 했다. 금니를 만드는데 시간이 걸린다고 했다. 다음 주 예약 날짜를 정하고 치과를 나섰다.

네 번째 치료 날에는 만들어온 금니를 끼웠다. 다시 엑스레이 사진을 찍었다. 금니가 제자리를 잘 잡았는지 확인해 보는 것이라 했다.

의사는 치료 내내 나를 배려하느라 신경 쓰는 것 같았다. 물론 직업적인 면도 있지만 "아플 거예요" "잘 참으셨어요." 등등 계속 대화로 치료자를 안정시키고 신뢰감을 주었다. 이날은 3개의 금니 중 하나만 고정하고 두 개는 고정하지 않고 상태를 지켜보자 했다. 다음 주 치료예약 날짜를 정하고 치과를 나섰다.

다섯 번째 날에는 임시로 끼웠던 2개의 금니를 다시 빼려 하니 잘 빠지지 않았다. 간호사가 먼저 시도하다가 포기하고 얼마 후 의사 선생님이 왔다. 집게로 이리저리 집어보고 안 되니 끌 같은 것을 대고 망치로 때리는 듯이 해당 이를 때렸다. 마음이 불안해졌다. 이러다 이라도 깨지면 어쩌나 가슴이 조려 왔다. 그래도 금니가 안 빠져나와 이번에는 끈끈한 엿 같은 것을 물고 있게 하고 시간을 두고 기다리다가 입을 크게 벌리도록 하였다. 엿 같은 끈적임이 윗니와 아랫니 사이에 힘이 가해지더니 금니가 "쩍" 하고 떨어져 나왔다. 안도의 숨이 쉬어지는 순간이었다. 이렇게 해서 다시 금니를 해당 이에 정식으로 붙였다. 이같이 참 어렵게 이를 치료하였다. 나오면서 치아를 정기적으로 점검할 수 있는 날짜를 미리 예약했다. 6개월 단위로 할 수 있다고 했다.

후회는 항상 늦는 것이지만 더 빨리 치료를 받았더라면 신경치료 단계까지는 가지 않았을 것이라는 생각이 들었다. 미리 치료하면 비용을 줄일 수도 있으며, 무엇보다도 더 심해지지 않도록 내 치아를 보호할 수 있다는 것이다.

치아는 우리 몸에서 중요한 부분이다. 예로부터 치아는 장수와도 직결된다는 이야기처럼 치아 관리가 중요하다는 것을 이번 기회를 통해 실감하였다.

이는 위장의 일을 하는 첫 번째 관문으로 음식을 잘게 부숴 침과 충분히 섞어서 위로 보내면 위는 부담 없이 자기 기능을 충분히 발휘할 것이다.

무엇보다 음식을 잘게 씹는 곳으로 혀가 제맛을 느낄 수 있는 삶의 의미와 맛의 쾌락을 느끼게 할 수 있도록 돕는 역할을 한다.

대개의 경우 이가 아프지 않으면 치과에 잘 가지 않는다. 이번의 치료 경험을 통해 병원은 정기적으로 다녀서 진단을 받아 보는 게 좋을 것 같다는 생각을 하게 되었다.

치과병원 다니는 내내 신경이 쓰이고 스트레스도 많이 받았지만 병든 치아를 모두 잘 치료했다는 뿌듯한 감정이 들었다. 의사, 간호사 선생님에게 수고와 감사의 마음을 전해 본다.

자식을 보는 아빠의 마음

며칠 전 딸에게서 손주들을 학교에 데려다주라는 부탁을 받았다. 아침 일찍 딸에게 개인적인 일이 있어서였다.

나는 등교 시간 30분 전 딸의 집에 도착하였다. 애들은 엄마가 만들어 놓은 김밥을 먹으면서 게임에 열중하고 있었다. 시간 여유가 있어 집안을 둘러보았다. 젊은 딸이 거주하는 집은 아파트라 가구 정리는 깔끔했다. 가족사진도 사진관을 통해 찍은 예쁜 사진이 액자 처리되어 고급스럽게 걸려 있었다.

아이들 방에는 침대에 장난감 등이 그대로 너부러져 있었다. 애들이 자유분방하게 사는 모습 그대로였다.

다음은 장난감 방을 열어 보았다. 많은 장난감이 뒤엉켜 쌓여 있었다. 냉장고에는 평상시 좋아하는 기호식품들이 잘 정리되어 있었다.

다음은 거실 책장을 보았다. 외국영화의 빈 케이스와

외국 작가 번역서 등이 진열되어 있었다.

그런데 내가 최근에 저술하여 직접 주었던 수필집은 어디에도 보이지 않았다. 씁쓸한 기분이 들었다. 젊은 세대의 우아함과 깔끔함은 느낄 수 있었지만, 지적인 면은 아쉬움이 남았다.

이런 것들을 보면서 나는 다시금 나를 돌아보는 계기가 되었다. 나부터도 젊었을 때는 나이 든 분들을 함부로 대하고 무시했던 때가 있었다.

최근 들어 공식석상에서까지 노인 폄하 발언을 하는 이를 보았다. 그러나 누구 하나 선뜻 지적하고 나서지 못하였다. 세상이 더 각박해진 것이다.

모든 부와 재능 그리고 삶의 지혜 등이 선대들에게서 물려받았다는 것을 이해하지 못하는 처사이다.

자기 이상에 맞지 않으면 "꼰대"라고 대놓고 비꼬는 것은 물론이요, 지난날의 공과는 알려고도 않고 인정하지도 않으려 한다.

이렇게 말하는 그들도 세월이 흐르면서 꼰대가 되어간다는 것을 외면하지는 못할 것이다. 자신은 영원한 청춘일 것 같은 착각에 빠진 것은 아닐까.

부모를 밝히는 것에 대해 부끄러워하거나 숨기는 이도 있다. 그렇다고 아무데서나 밝히라는 것은 아니다. 내 부모를 누구보다 자랑스럽게 여기고 존경하라는 뜻이다.

부모를 무시하여 얻어지는 것은 아무것도 없다. 오히려 자기 얼굴에 침 뱉기다.

부모 입장에서 자식은 누구보다 소중하고 든든하면서 예뻐 보인다. 그 입장을 바꿔 자식 되는 입장에서 부모가 최고라는 것을 잊지 말아야 한다.

부모에게 잘해주지는 못할망정 무시하거나 학대해서는 안 된다.

나는 부모의 유품 하나라도 잘 보관해놓으려고 한다. 기회가 되면 진열해 놓고 후손들에게 본보기가 될 수 있게 할 계획이다.

조상의 좋은 뜻이나 업적에 대하여는 후손의 본보기로 삼아야 한다고 본다.

교과서식의 위인전이나 박물관에 진열된 특정 인물의 발자취도 중요하지만 내 조상의 귀감이 된 삶을 살펴보고 찾아보는 것도 현명한 지혜가 아닐지 생각해 본다.

진정한 가치나 귀중함을 우리 가족이나 조상들에게서

찾아보았으면 한다.

겉모습의 호화로움과 사치보다 내면의 풍부한 지식을 쌓는 자식들의 현명한 삶을 바라고 싶다.

현대의 풍부한 물질문명의 풍요 속에서 자칫 인간미를 잃어갈까 염려된다.

물질적으로 풍부한 삶보다 내실을 기하는 삶, 성실하고 검소한 삶을 강조하고 싶다.

너무 편안함만을 추구하는 삶은 인간의 몸을 약화시켜 오히려 각종 질병에 노출될 확률이 높다고 한다. 그리고 안일한 생각은 안전사고의 요인이 될 수 있다. 또한 자칫 게으름뱅이로 전락하여 황금기 인생을 낭비하거나 허송세월을 보내버리는 등의 우려가 있다.

겉치레보다는 절제된 삶과 노력하는 삶에 대한 가치관을 가졌으면 한다.

나는 무엇이 되겠다고 몸부림치는 것보다 노력하고 열심히 살다 보니 내가 생각한 것보다 더 크게 성공해 있더라는 자세와 삶의 의미가 낫지 않을까 생각해 본다.

부부의 삶

우리 부부는 내가 든든한 평생직장을 잡은 지 6개월쯤에 소개로 만났다. 그리고 교제 3개월 만에 결혼에 이르렀다. 지금 생각하면 너무 서두른 감이 있었다고 생각된다.

그때 나의 결혼관은 많이 배운 여자보다 어머니와 시골에서 잘 지낼 수 있는 소박한 여자를 원했다. 그래서 지금의 아내를 맞이하게 된 것이다.

신혼은 아무 생각 없이 마냥 행복하기만 했다. 야유회도 다니고 여러 부류와 어울려도 보고 여러 친척을 찾아다니기도 하였다. 아내와 잠시 떨어져 있을 때면 편지도 써보고 전화도 하는 등 꿀맛 같은 신혼 생활을 즐겼다.

결혼 후 1년차에 아들이 태어나고 그 뒤 2년 터울로 딸이 태어났다. 자식 또한 귀여워 또 다른 세계를 맛보게 하였다. 자식 자랑은 팔불출八不出이란 말도 있지만 어릴 때의 자식은 남의 자식보다 훨씬 예쁘고 잘나 보였다.

그러다 40대가 되면서 서서히 권태기가 왔고, 50대가 되면서 갱년기가 찾아왔다. 60대 이후에는 무늬만 부부로 사는 꼴이 되고 말았다.

이런 일련의 부부생활을 겪으면서 생각한 부분이나 반성의 의미에서 부부간에 지켜야 할 삶에 대하여 나름의 정리를 해보았다.

첫 번째 믿음과 신뢰이다.

부부간에는 굳건한 믿음관계가 형성되어야 한다. 서로 간에 거짓말이나 부정한 행동을 숨기고 살다가 들키면 신뢰 관계가 무너진다. 용서를 했다 할지라도 앙금이 남아 두고두고 부부간에 불화의 원인이 된다.

두 번째 열정의 유지이다.

아내는 죽을 때까지 여자이다. 항상 예쁘게 꾸미고 남편의 열정이 식지 않도록 노력하여야 한다. 그러나 대개의 경우 여자는 아이를 출산하고 나면 자기 몸을 가꾸는 데에 관심이 멀어지고, 나이가 들면서 더욱 억세어진다. 점점 남편의 관심과 멀어지는 행동을 하게 된다. 가장 좋은 부부는 같은 공부나 취미를 같이 하는 것이라고 한다. 그리고 서로에게 관심을 주면서 항상 처음 신혼과 같은 관계를 갖도록 부단한 노력이 필요하다. 이게 되지 않으면 나이 먹어서 각방 쓰고 남남처럼 부부생활을 영위할 것이라고 본다.

세 번째 이해, 배려, 공감 등이 있어야 한다.

갈등이 발생하였을 때는 이해하려고 노력해야 하며, 서로 부족한 부분에 대하여는 배려가 필요하다. 그리고 대화에서는 같이 공감해 주는 태도가 중요하다. 꼭 내 마음에 들어서만 공감해 주는 것이 아니다. 공감은 서로의 관계를 더욱 긴밀하고 편하게 해준다.

네 번째 인격존중과 사생활 보호이다.

나이 차이나 실력 차이를 들어 무시하거나 함부로 대해서는 안 된다. 부부는 남남이 만난 각자 인격체이다. 어찌보면 각자 삶을 살고 있는 것이다. 무슨 일이 있어도 서로의 인격을 존중해 주어야 한다. 또한 사생활에 있어서 숨기고 싶은 것도 있고 나만이 은밀히 해야 할 일거리가 생길 수 있다. 부부라는 이유로 다 알려 하면 세상살이가 피곤해지고 개인 인격 유지에도 문제점이 발생한다. 덮어줄 것은 덮어주는 것이 좋다. 사생활의 비밀을 굳이 밝힘으로써 오히려 역효과를 보는 경우도 있다. 서로를 믿고 넘어가 주는 것이 부부관계 유지에 매우 중요하다.

다섯 번째 협의 체제를 가져야 한다. 민주적 협의 체제를 말한다. 혼자만의 독단적인 결정보다는 서로 협의하여 결정하는 것이 좋다. 백지장도 맞들면 낫다고 했다. 서로 머리를 짜내어 일을 추진하면 더 능률적이고 효과적으로 일을 처리할 수 있다. 그리고 무엇보다 부부간에 일체감을 가질 수 있다.

여섯 번째 부부의 성에 있어는 자존심이 아니라 서로 터놓고 만족스러운 관계가 되도록 노력하여야 한다. 부부의 성관계도 매우 중요한 부분이다. 갱년기 이후에는 소홀히 하는 경우가 많은데 더 적극적으로 노력해야 할 시기라고 본다.

일곱 번째 부부는 평생 서로에 대한 봉사자 관계이며, 나와 가장 가까운 타인이다. 오랜 기간 같이 살았다고 소홀히 대하거나 무시하거나 공격하게 되면 일순간 남이 된다. 평생 손님과 같은 생각으로 조심하면서 서로 돕고 살아야 한다.

여덟 번째 부부는 서로 용기를 주는 아군이 되어야 한다. 비꼬거나 박대하고 남처럼 대한다면 적군이 되어서 같이 살아가기 힘들어질 것이다. 설령 이렇게 산다 할지라도 자체가 스트레스이고 고역苦役일 것이다.

　결론으로 부부는 사랑으로 맺어진 일심동체이다. 부부는 가족이란 울타리에서 같이 움직이고 함께 생활할 수밖에 없다. 보이지 않는 사랑과 관계에 묶여서 평생을 같이 살아가야 할 운명체인 것이다. 부부의 행복은 누가 만들어주거나 도와주는 것이 아니라 둘이서 모든 것을 해결하면서 이루어야 한다고 본다.

산행은 여유 있게

내가 사진에 빠져 작품이 될 만한 곳이면 어디든 거칠 것 없이 다니던 때가 있었다. 산이고, 들이고, 행사장과 공연장 등 가릴 것이 없이 다니던 시절이었다.

우연히 장흥 천관산에서 억새풀 축제가 있다는 신문기사를 보게 되었다. 관광홍보에 관한 내용이었는데 홍보 사진이 내 마음을 들뜨게 했다. 억새풀에 어우러진 노을 사진에 매료되어 나도 이런 사진을 찍고 싶었다.

11월 첫 번째 일요일 카메라와 렌즈 그리고 필름을 준비해서 카메라 가방에 넣고 차를 몰아 장흥으로 출발했다. 주위 사람들의 말을 들으니 천관산 등산은 소요시간이 별로 안 되어서 산을 오르는 것도 쉬울 거라고 했다. 덧붙여 천관산은 723m로 오르는데 1시간 20분 정도 소요되고, 내려오는데 50분 정도 소요된다고 했다.

내 차는 목적지 주차장에 점심때쯤 도착했다. 현란한

플래카드placard와 대형 풍선이 행사장의 분위기를 한껏 살리고 있었다. 공연하는 소리와 구경하는 많은 사람이 북적거렸다. 의학 관련 전시장도 있었다.

먼저 행사장 포장마차에서 점심을 먹었다. 천관산 등산은 오후 3시쯤으로 계획을 잡았다. 우선은 시간 여유가 생겨 사진도 찍고 전시관을 둘러보면서 즐거운 시간을 보냈다.

오후 3시가 되자 나는 천관산 등산을 시작했다. 오후 5시쯤에 노을 사진을 찍기 위해서였다. 산에 오르니 많은 사람이 내려오고 있었다. 나는 조금 서둘러 걸었다. 1시간 이상을 걸으니 산 정상이 보였다. 나는 여유를 갖고 여기저기 사진을 찍으며 정상에 도달했다. 막상 정상에는 몇 사람 보이지 않았다.

드디어 해가 서쪽으로 넘어가면서 노을을 만들었다. 나는 그 풍경이 너무나 아름다워 주위를 의식하지 않고 사진을 찍었다. 가지고 간 필름을 다 소비할 만큼 찍었다.

그러고 나서 둘러보니 해는 넘어갔고 사람들은 거의 보이지 않았다. 그제야 서둘러 내려가야겠다고 생각하고 걸음을 재촉했다.

30분쯤 걸었을 때 어둠이 밀려와 어둑해진 길을 보면서 겁이 덜컹 났다. 그때부터는 아예 뛰었다. 아무리 뛰어도 도착지는 보이지 않았다. 갈수록 새까만 어둠으로 길이 잘 보이지 않았다. 대충 잡고 앞만 보고 뛰노라니 숨이 차오고 산을 내려가는 충격에 다리가 저리면서 힘이 빠졌다.

 군대 있을 때 유격 훈련받던 생각이 언뜻 났다. 야간 행군 시 너무 어둡고 피곤해서 이탈할 것을 염려해 앞사람만을 보고 부지런히 걷던 생각이 났다.

 당시에는 삐삐시대였다. 손전등도 없고 지금 같은 휴대폰도 없었다. 땀이 온몸을 적시다 못해 식은땀이 났다. 기진맥진 자포자기 상태로 걷다가 보니 묘지가 보였다. 왜 그리 반갑고 포근한 느낌이 들었는지 모른다.

 나는 묘지 옆에 쓰러지듯이 벌렁 대자로 누웠다. 다리가 절절하고 힘이 빠져 후들거렸다. 한참을 누워 있었더니 정신이 들었다. 몸을 일으켜 후들거리는 다리를 여기저기 주물렀다.

 다시 출발하여 10분쯤 걸으니 인가가 보였다. '이제는 살았구나!' 하는 안도의 한숨이 쉬어졌다. 인가에서 비치는 불빛이 더욱 힘이 나게 하였고 무엇보다 마음을 안정시켰다. 생명의 불빛과도 같아 보였다.

지금 생각해보면 아찔한 경험이었다. 밤길은 여러 곳에 방해물이 있어 위험하다. 특히나 산에는 돌부리, 나무뿌리, 뱀 등이 있어 더욱 그렇다. 산에서 넘어지거나 다치면 연락할 휴대폰이 없을 경우에는 위험천만한 일이다.

지금 생각해보니 사진을 욕심내어 찍다가 계획된 장소보다 더 멀리까지 간 것이었다. 당초 생각한 거리보다 훨씬 멀리까지 가버린 것이다.

산은 얕잡아 봐서는 안 된다는 것을 이때 경험을 통해 배웠다.

산을 오를 때는 소요시간을 따져서 여유 있게 산행을 하여야 한다. 사전에 오를 산에 대하여 정보를 파악해 놓으면 더욱 좋다. 남의 말만 듣고 산행을 하면 안 된다. 사람마다 생각도 다르지만, 체력과 조건도 다르기 때문이다.

해 질 무렵이면 산에 머물지 말고 내려와야 한다. 산은 의외로 어둠이 빨리 밀려온다는 것을 그때야 알았다. 이렇게 뼈저리게 겪고 나서 배운 교훈이다.

등산은 혼자 하는 것보다는 되도록 팀을 이뤄서 하는

게 좋다. 그리고 산행 시에는 배낭을 메야하며 필요한 물품을 구비하여야 한다. 어떤 비상사태가 일어날지 모르기 때문이다.

산은 우리에게 유익한 것을 많이 주기도 하지만 산을 얕잡아 보면 자칫 큰 사고를 당할 수도 있으니 산에 오를 때에는 사전에 만반의 준비를 해야 할 것이다.

코로나19 체험기

2022년 8월 초순 무더위로 숨이 가파른 언덕을 오르는 느낌을 주는 계절, 개도 안 걸린다는 여름감기가 찾아왔다. 간밤의 더위에 문을 활짝 열어놓고 속옷만 겨우 입고 밤잠을 설친 때문인지, 아침에 일어나 보니 머리가 지끈지끈 아프기 시작했다. 여지없는 감기 증상이었다. 특히나 요새 감기는 코로나19와 직결되기 때문에 나는 차분하게 면도를 하고 집 가까이에 있는 이비인후과 병원에 찾아가 진료를 접수하였다.

얼마 후 차례가 되어 의사 선생님과 대면하게 되었다. 우선 감기 증상이면 코로나 검사를 먼저 해보자고 하였다. 마스크를 내리게 한 다음, 왼쪽 콧구멍을 면봉으로 아프고 캑캑거릴 때까지 후벼 팠다. 그리고 시약을 부었다. 잠시 후 코로나19 양성반응이 나타났고, 약을 처방해 주었다.

첫날은 3일분 약을 처방받았다. 처방받은 내역을 보면 해열진통제, 가래 제거제, 기침약, 알레르기allergy 질환, 위 점막 보호제 등이다.

첫째 날은 열이 나면서 두통만 계속되었다.

두 번째 날은 목이 잠기면서 목소리가 변성되어 갔다. 무엇보다 입맛이 없어져 갔다.

세 번째 날은 목이 아파왔다. 그래서 병원을 찾아 목 아픈 부분에 대해 말했다. 4일분의 약을 추가로 처방받았다. 약 처방내역은 첫날 처방전에 소염제만 추가되었다.

네 번째 날에도 머리와 목이 동시에 아팠다.

다섯 번째 날에는 통증이 반으로 줄었다. 조금 나아진 것 같았다.

여섯 번째 날에는 통증이 어느 정도 가라앉았다. 마스크를 쓰고 마을 뒤 저수지 둑길을 걸었다.

일곱 번째 날에는 통증은 사라졌다. 그러나 기침이 간간이 나오고 몸에 힘이 빠져 조금만 움직여도 피로감을 느꼈다. 쉬엄쉬엄 방을 정리하고 청소를 했다. 그동안 입었던 옷들도 세탁기에 넣었다.

내가 경험하기로는 일주일 정도 코로나에 시달린 것 같

다. 그 후유증으로 인한 회복기간이 얼마간 필요했다.

남들은 잘 먹어야 한다고 이것저것 몸에 좋다는 것을 추천하지만 우선은 입맛이 없다. 맛있게 먹을 의욕이 떨어져 버린 것이다. 이제 운동도 열심히 하면서 나름의 회복 방법을 강구해 보아야겠다.

코로나19가 어디에서 감염되었는지에 대해 딱히 생각나는 사람도 없다. 엉겁결에 코로나를 체험한 것이다.

이제 우리는 코로나를 벗어나서 완전하게 살아갈 수는 없어 보인다. 감기 독감 바이러스와 같이 몸으로 이겨낼 수밖에 없는 듯하다. 예방접종도 중요하지만, 평상시 건강한 몸 관리에 더욱 힘써야겠다고 생각하였다.

항상 입버릇처럼 강조하는 마스크 쓰기는 생활화되어야 하고 외출하고 돌아오면 양치질부터 시작해서 손과 몸을 잘 씻어야 하며 충분한 휴식이 필요하다고 본다.

요즘처럼 코로나19가 심각한 시대에는 최소한 남에게 배려하는 자세가 필요하다. 사람이 많이 모인 자리에서 마스크 없이 말을 요란스럽게 많이 한다든지, 기침이 나온다고 얼굴 가림 없이 큰 소리로 기침하는 경우, 모임 등의 자리에서 덥석 손을 잡는 행위를 하는 경우, 가래, 침

또는 콧물을 아무 데나 뱉는 행위 등 눈살이 찌푸려지는 행위를 자제해야 한다.

　이제 코로나는 우리가 무서워해야 할 전염병이 아니라 우리 모두가 지혜롭고 슬기롭게 대처하고 이겨내야 할 독감 바이러스라 생각한다.

쉽게 얻으면 쉽게 없어진다

어버이날이 되어 딸이 용돈을 30만 원이나 주었다. 갑자기 생긴 수입에 기분이 좋아지려는 순간 옆에 있던 아내가 "손자들 용돈이나 주시오"라는 말에 손자 4명에게 5만 원씩 20만 원이 나가 버렸다. 나머지 돈은 10만 원이 남았다. 밖에 나가 친구들에게 용돈 자랑을 하니 밥을 사라고 했다. 친구들과 식당에 가서 고기를 실컷 먹고 나니 오히려 부족해서 카드로 계산했다.

"쉽게 들어온 돈, 쉽게 나간다"란 말처럼 결국 받을 때 기분만 좋았을 뿐 오래가지 못하고 다 지출되어 버린 것이다.

어떤 이는 돈을 쉽게만 벌려고 한다. 그러다 보면 사기에 걸리기 십상이고 오히려 더 궁핍하게 살아간다.

노력해서 살아가는 삶 자체를 비관하는 이도 있다. '금수저'를 비난하고 탓하는 등 사회에 불만 가득한 사람으로 살아가고 있다. 이는 자기 자신에게 아무런 도움이 안 된다.

내가 학교 다닐 때는 동창들이 다 보릿고개를 넘기며 어렵게 살았다. 지금 말하는 '금수저' 집안이 아니었다. 그러나 지금 사는 것을 보면 남부럽지 않게 사는 친구들이 대부분이다. 다 나름 인생을 열심히 살아온 대가라고 본다.

열심히 공부하거나 노력해서 얻은 직장이 더 만족감도 높고 자부심도 더 강하리라 본다. 또한, 어렵게 번 돈은 쉽게 낭비하지도 않는다.

옛날처럼 부자는 대물림이라고 하나 지금은 아닐 수도 있다. 정신 못 차리면 모든 게 순식간에 무너질 수 있다.

아는 지인도 수십 년간 피땀 흘려 이룩한 막대한 재산을 사기라는 이름으로 한순간에 날려버리고 자살까지 생각한 이도 있다. 이렇듯 부라는 것은 절대적인 보장물이 아니다.

어떤 이는 자기 생활 능력을 갖추지 않고 어머니를 모시면서 아버지가 물려준 유공자 연금으로 모든 생활을 연명하는 이도 있다. 직장도 가지려 하지 않고 개인 사업을 하려는 의욕도 없다. 국가에서 지원되는 생활비로 우선 편하게 살아가는 것이다. 희망이나 도전은 남의 일이다. 그래서 얻어지는 것은 무능과 사회적 불만이 가득한 사람으로 타락하는 것이다.

찾아보면 일자리는 있다. 남들이 선호하는 좋은 자리만을 고집하다 보니 일할 자리가 없는 것이다.

나는 20대 무렵에 많은 직업 체험을 해보았다. 억척스러운 시골 농부로 뼈가 굵었고 도심으로 나가 열악한 환경의 공장 생활, 식당 종업원, 차량정비 조수, 하역 노동 등의 일을 했다. 고생해 보지 않고는 진정한 직업의 중요성과 배고픔의 빵 맛을 모를 것이다. 이 같은 고생에서 얻어지는 것이 많았고 또한 평생 삶의 정신적 밑천이 되었다.

사람은 저마다 능력이 있다. 이를 운이나 요행으로 봐서는 안 된다. 능력이 뛰어난 자를 시기와 질투의 눈으로만 볼 것이 아니다.

남들이 잘 나가는 일거리나 직업을 무턱대고 따라가려고 할 것이 아니라, 자기 적성이나 능력에 맞는 일을 해야 한다.

세상을 쉽게 살려고 하면 안 된다. 일부 사업가들도 "쉽게 일어 선자는 쉽게 망할 수 있다"라고 조언한다. 다져진 땅에 물이 고인다는 말이 있듯이 기초부터 튼튼히 다지고 경험도 많이 쌓아야 한다.

사업을 하던 동생도 큰 건을 잡아서 한탕 하면 이익이 얼마라며 계산기를 두들기던 적이 있다. 당장에라도 부자가 된 것처럼 행세하더니만 있는 돈도 다 잃어버리고 지금은 수선 등 잡일로 근근이 살아가고 있다.

처음부터 큰 것을 바라면 안 된다. 때에 따라서는 사기도 당해보고, 사업투자의 실패로 인한 쓴맛도 맛보는 등 많은 인고忍苦를 겪으면서 차근차근 밑바탕을 다져야 한다.

이렇게 쌓아 올린 굳건한 기반이라야 쉽게 무너지지 않는다. 경험의 축적과 근면 성실의 정신이 나의 사업 번창과 노후를 보장해 줄 것이라 믿는다.

예전에는 한 달 고생해야 쌀 한 가마 값을 벌 수 있는 시절도 있었다. 지금은 하루나 이틀 일당으로 쌀 한 가마를 살 수 있다.

세상이 편해진 것인지 혹은 잘사는 시대가 된 것인지 모르겠지만 옛날처럼 고통스럽게 살지 않고 자신들만 열심히 하면 충분히 잘 살 수 있는 시대인 것만은 분명하다.

일은 건강과 행복, 보람, 재화(돈) 등을 가져다준다. 이렇게 일은 우리에게 많은 것을 가져다주는데 회피하고 싫어할 이유가 없다.

공짜인생이나 쉽게 뚝딱하는 도깨비방망이 같은 쉬운 인생을 꿈꾸지 말고, 지금은 힘들더라도 미래의 달콤한 성공을 위하여 갖은 고통을 참고 열심히 노력하는 인생을 살아봄이 좋지 않을까 싶다.

전문가와 상담하기

얼마 전 대금 공연을 하면서 가지고 다니던 음향스피커의 사용을 잘 몰라 음향기기를 많이 취급하는 사촌 동생에게 사용법을 가르쳐 달라고 부탁하였다.

동생이 흔쾌히 승낙하였기에 날을 정하여 음향기를 테스트하였다. 나는 나름 그런대로 음향기기를 조금은 안다고 생각하였는데 이번 기회에 크게 반성하였다.

음향에는 반주음향만을 조절하는 버튼이 따로 있었다는 것을 몰랐다. 마이크와 음향반주 소리를 각각 조절할수 있다는 것이다. 또 한 가지 에코기능도 너무 키우면 대금 고유의 소리를 죽여 버린다는 것도 알았다. 여태까지 에코기능을 높여 사용하면서 대금 소리가 안 좋을 때면 스피커만 나쁘다고 탓하였다.

대금 소리가 다른 악기 비해 적기 때문에 마이크 소리를 키우면 반주음악소리도 같이 커져 대금 소리가 반주

음악소리에 묻혀버린다고들 했다. 이것 또한 스피커 기능 탓만 하였다.

이 두 가지 문제를 해결하고서, 역시 전문가가 있다는 것을 새삼 느꼈다.

대금을 연습하는 데 있어 나의 약점을 잘 모르기 때문에 대금선생님에게 특별 지도를 부탁하였다.

지도를 받던 날 대금 소리가 잘 안 났다. 나는 컨디션 탓이려니 하였다. 그러나 선생님은 내 대금을 한번 보자고 하였다. 대금 청 부분을 보더니 청이 펴지지 않아 소리가 잘 나지 않았다고 하였다. 선생님은 청을 다시 손보았다. 그랬더니 소리가 잘 나오는 것이 아닌가!

언뜻 지난날들이 생각났다. 공연 중간에 대금 소리가 안 나서 공연을 엉망으로 했던 일과 경연대회에서 소리가 제대로 나지 않은 일들이 머리를 스쳤다.

이래서 전문가의 지도가 필요하구나 하고 느꼈다.

최근 아침에 일어나려니 가슴에 통증이 심해서 움직이기가 거북하였다. 무슨 큰 병이라도 났나 싶어 겁이 덜컥

났다.

몸을 간신히 가누어 세수하고 옷을 입은 다음에 차를 몰아 병원에 갔다. 병원에는 마침 대기하는 사람들이 많지 않아 조금 대기하다가 바로 진료에 들어갔다. 의사 선생님은 나의 설명을 듣고 바로 엑스레이를 찍어보자고 하였다.

그 결과는 바로 나왔다. 폐와 기관지는 정상이었다. 저녁에 기침을 하였다고 하였더니 그게 원인일 수도 있고 수면자세를 잘못 잡아도 그런 증세가 온다고 하였다. 의사선생님은 근육완화 관련 처방을 내렸다.

약국에 가서 약을 수령하여 점심을 먹은 뒤 바로 약을 섭취하고 한숨 하였더니 많이 호전되었다.

역시 병원 의사의 고마움을 느꼈다.

앞서 3가지 사례에서처럼 우리는 전문적인 분야에 도움을 받아가며 살아가는 것 같다.

이 세상에는 각 분야의 전문가가 수없이 많다.

그중 나도 한 전문가 대열에 끼어 있을 수도 있다. 내가 잘하는 분야에 있어서는 그럴 수 있다는 것이다.

물론 부족한 부분도 많다. 이런 부족한 부분에 대하여

는 수시로 전문가를 찾아 상담하고, 배우고, 코칭도 받고, 도움을 받아야겠다는 생각하였다.

　나에게 도움을 줄 수 있는 전문가가 많다는 생각에 마음이 든든하고 오늘도 마냥 행복하다.

2장

기증받은 물품 처리

　과거 어느 기관에 근무하면서 기증받은 물품을 잘못 처리하여 애를 먹은 일이 있었다.

　오래되고 별 쓰임새가 없어 보여서 철거하여 창고에 보관하였는데 이를 관리하던 직원이 고물로 처리해 버린 사건이었다.

　어느 날 공교롭게도 이 물품을 기증한 자가 나타나 비치되어 있어야 할 곳에 기증물품이 없어졌다며 민원을 제기하였다. 기증자의 성의를 무시한 처사라며 강하게 항의하였다.

　물품 담당자를 불러 본 기증품을 조회해 보도록 지시한 결과, 물품대장에 등재되어 정상 관리되고 있었다.

　본 물품을 관리하는 직원을 불러 자초지정을 물었다. 그때서야 그 물품이 직원에 의하여 매각 처리된 사실이 드러났다. 순간 가슴이 철렁하였다. 일이 잘못되었음을 직감하였기 때문이었다.

　그렇다면 이 일을 어떻게 수습할까 하는 방안 찾기에 여러 가지 방책을 생각해보았다.

　먼저 매각 고물상을 찾아가 그 물품이 보존되어 있는지 알아보도록 하였다. 그러나 이미 처리되었는지 보이지 않았다고 하였다. 상황이 상황인지라 다시 가서 고물상주인을 만나 처리과정을 알아보도록 하였다. 공교롭게도 고물상주인도 그 처리 내용을 기억하지 못하였다. 할수 없이 물품 추적은 포기하고 다음 방안을 찾아야만 하였다.

　다음으로 기증자를 설득해 보려고 하였다. 그러나 기증자는 완고한 생각으로 원상복구만을 고집하였다. 막무가내식의 주장에는 어쩔 도리가 없었다.

　다음으로 동일 물품 판매업자를 통해 본 물품과 같은 기종이 있는지 알아보았다. 그러나 이미 그 품종은 단종되었다는 것이다.

　이처럼 여러 가지 대책을 강구하였으나 해결 방법이 떠오르지 않았다.

　이 일 때문에 며칠을 고민한 끝에 민원이기 때문에 설

불리 처리하면 오히려 더 큰 잘못이 될 수 있다는 것을 생각하였다. 그래서 원칙적으로 처리하여야겠다는 생각을 굳히고 자체 처리절차를 강구하였다.

먼저 담당 직원을 불러 자초지종을 조사하는 진술서를 징구하고 그 책임을 물어 행정(문책) 처리하고 변상금을 받아 일을 마무리했다.

개인의 경우 기부받은 물건을 선물처럼 취급하여 불필요하면 언제든지 마음대로 처리할 수가 있다.

그러나 공공기관이나 큰 회사의 경우에는 기증받은 물건이라도 물품대장에 등재되면 맘대로 처리할 수 없다.

물품을 사용하다가 노후화되거나 그 기능을 다한 경우, 고장으로 인하여 사용이 불가능한 경우, 더 이상 사용할 가치가 없는 경우에는 일정한 절차를 거쳐 폐기처리하고 매각이나 기증, 관리전환, 쓰레기 처분 등의 행위를 하여야 한다.

따라서 폐품처럼 쌓여있는 물건일지라도 함부로 훼손하거나 매각처리하면 그 책임을 면치 못한다. 폐기대상 자동차를 도로에서 사고로 받아 파손된 경우에도 변상은 일반 차량과 같이해야 하는 경우와 같다고 할 수 있다.

기관에서 사용하던 물건을 폐품처럼 쌓아놓았더라도 폐기절차 없이 개인용도로 가져가거나 누구에게 주어서도 안 되고, 임의로 매각하거나 훼손하여서도 안 되는 것이다.

　지금 생각해도 아찔한 생각이 들고 담당 직원에게는 안쓰러운 마음이 든다. 그 당시 큰 목돈을 변상하였기 때문이다.

　당시 우리 기관의 재활용 쓰레기와 고물을 취급했던 그 직원 때문에 곤경을 겪은 일이 새삼스럽기만 하다.

　기증한 물품으로 인해 고통을 당할 때는 한편으로 그 기증자를 원망도 했다. 하지만 지금 와서 생각해보니 일정한 절차 없이 기증물품을 처리함으로써 성의를 무시한 처사에 내심 송구스러운 마음이 든다.

　애써 기증한 물품을 숙고하여 처리하지 못한 어리석음을 이제야 반성해 본다.

우울한 택배

우리가 선물이든 필요로 인하여 구입한 물품이든 택배를 받으면 선물이라도 받은 것처럼 기분이 좋아진다. 무엇을 받는다는 것은 대개의 경우 즐거운 일이리라.

그러나 오늘 나는 우울한 택배를 받았다.

사연인 즉은 이렇다.

나는 최근에 개인경사를 맞이했다. 지난해에 써서 응모했던 수필이 문예지에 당선이 되어 상도 받고 내 작품이 실린 문예지를 받아보게 되었기 때문이다.

문예지는 지인들에게 나눠주기 위하여 1박스 물량을 주문하여 택배로 받아보기로 했다.

얼마 후 택배회사로부터 배달 안내 문자가 날아들었다. 메시지에는 내 이름과 주소지 그리고 도착예정일과 시간까지 명시되어 있었다.

나는 설레는 마음으로 택배가 도착하기를 기다렸다. 그

러나 예정 시간에 도착하여야 할 물건은 도착하지 않았다.

그리하여 오늘은 택배가 오지 않을 거라 생각하고 산책에 나섰다. 산책하고 나서 씻고 휴대폰을 보니 한 통의 모르는 전화번호가 찍혀있었다. 어쩐지 마음이 내키지 않아 지나쳐 버렸다. 그 뒤로 나흘이 지났다.

온다던 택배가 오지 않아 궁금해지기 시작했다. 혹여나 주위 사람들이 받아놓고 잊어버렸나 의심도 해보고, 택배분류가 잘못되어 배달사고가 났나 하고 이런저런 의심이 자꾸 꼬리를 물었다.

나는 더 이상 참지 못하고 문예지 발송을 담당하신 분에게 전화하여 주소지가 바르게 처리되었는지 확인토록 하였다.

담당하신분이 택배 의뢰 회사에 직접 전화하여 택배 배달 담당자 전화번호를 알아냈다.

전화통화결과 택배 직원이 우리 집을 못 찾아 헤매다가 그냥 돌아갔다는 것이다. 순간 화가 치밀어 올라 따져 들면서 책임추궁을 하였다.

그런 내용을 당사자인 나에게 메시지로 남기든지 주변 사람들에게 탐문해 보면 집을 찾았을 거 아니냐고 말했다.

나의 강한 어조에 택배 직원도 못마땅한 말투로 말을 받았다. 미안하다는 말은 없고 오히려 당당하게 대들어서 어이가 없었다.

만약에 시간을 다투는 중요한 물건이면 어쩔 뻔했겠느냐며 책임을 추궁했다. 종국에는 회사에 항의하겠다는 말까지 해버렸다. 그때서야 부랴부랴 출발하여 마을 앞으로 나오라고 했다.

나는 기다리면서 순간 홧김에 택배직원에게 마음을 아프게 하지 않았을까 반성해 보았다. 매스컴에서 택배원들이 업무에 시달린다는 기사가 생각났기 때문이다. 그래서 일단 문자로 미안하다고 사과를 했다.

도착했다는 연락을 받고 마을 앞으로 간 순간 택배물이 길에 떨어진 것처럼 놓여 있었다. 가슴이 성큼하고 왠지 서운한 마음이 들었다.

우선 수신자를 확인해 보니 내 이름이 눈에 띄었다. 내 택배로구나 하고 들어 올리는 순간 택배직원이 나타났다. 마른 체격에 젊어 보였다.

집을 찾지 못해서 그러니 같이 가보자고 했다. 나는 태연스럽게 말을 받아 그러자고 했다.

다소 무거운 박스를 안고 좁은 고샅길을 오르려니 숨도 차고 왠지 뒤따라오는 택배 직원이 거슬렸다. 택배직원이 자꾸 주머니에서 뭔가를 만지작거리는 것을 의식했기 때문이다. 흉기가 아닐까 의심되는 순간이었다.

나는 짐 때문에 숨이 차올랐지만 말을 걸어 택배원을 살폈다. 불안스러워 말도 제대로 안 나왔다.

다행히도 이웃집에서 애들이 떠들며 노는 소리에 그나마 위안이 되었다.

이렇게 대문 앞에 다다라 담장 벽에 붙은 집 주소 팻말과 내 이름이 새겨진 문패를 손가락으로 가리켜 주었다. 택배원은 그때서야 고개를 끄덕이더니 발길을 돌려 내려갔다.

더 황당한 것은 택배 회사에 확인해 보니 이미 예정일에 배달된 것으로 체크되었다는 것이었다.

닷새 만에 찾아온 택배물이 왜 이리 우울한지 모르겠다. 이날 따라 날씨도 비가 올 것처럼 우중충하였다.

친구에게 전화해서 말했더니 무사한 게 다행이라며 위로해 준다.

택배원이라는 직업이 힘들 줄 안다. 매스컴을 통해 들

어서 알지만 업무과로로 어떤 직원들은 쓰러지기도 한다고 들었다.

더불어 애로 사항도 많으리라 본다. 숨바꼭질하듯 어려운 주소 찾기, 무겁고 때로는 까다로운 물품 운반, 많은 물량과 배달시간에 쫓긴 무리한 이동으로 항상 긴장되고 고달프리라고 생각한다.

그러나 즐거운 선물을 전달하는 배달원으로서 다음 몇 가지를 바라고 싶다.

첫째 항상 친절하고 웃는 얼굴로 대해주었으면 한다.

둘째 피곤하고 짜증나더라도 부드러운 대화를 나누었으면 한다.

셋째 성실감과 책임감 있는 직업정신을 가졌으면 한다.

반면에 우리 고객은 택배원에 대하여 항상 감사하는 마음과 택배물을 수령함에 있어 배려와 협조하는 마음자세를 가졌으면 한다.

오늘도 우리에게 기쁨을 전해주고 우리의 일을 묵묵히 도와주는 택배원 모든 분께 감사의 말을 올린다.

유아독존唯我獨尊

유아독존이란 뜻의 사전적 풀이는 세상에서 자기만 잘 났다고 뽐내는 태도라고 되어있다.

또한 이 용어는 석가모니부처님의 탄생 설화에서 전해 오는 이야기이기도 하다.

원 문장으로 "천상천하天上天下 유아독존唯我獨尊 삼계개 고三界皆苦 아당안지我當安之"로 그 뜻은 이 세상에 오직 나 만이 존귀하고 삼계가 고통 속에 있으니 내가 마땅히 평 안케 하겠다는 것이다.

여기에서 "유아독존"이란 말만을 따서 달리 해석하기 도 한다. 즉 "세상에는 오직 나만이 홀로 존재한다"라고 해석해서 자신의 독립된 개체를 인식하는 단어로 해석할 수도 있다고 보는 것이다.

부모는 나를 이 세상에 있게 하는 매개의 존재에 불과 하다. 어머니의 몸으로부터 나오면서 별개의 인생을 살아가게 되어있는 것이다.

즉 우리는 각자가 태어나면서 오직 자신만의 세상을 가지고 나온 것이다. 비록 부모에 의지해서 어린 시절을 보내지만 성인이 되어가면서 독립된 또 다른 가족을 꾸리며 내 삶의 인생을 살아가야 하는 것이다.

부모로서 자식 사랑은 지대하다. 그러나 자식은 그런 사랑을 온전히 느끼지 못할 수도 있다. 서로 다른 몸에 전혀 다른 생각을 하고 있기 때문이다.

따라서 태어나면서부터 독립된 개체로서 삶을 영위해야 한다.

부모에 대하여 의지하고 보호받는 것은 내가 아직 성장하지 못한 기간에 한하여야 한다.

불행하게도 자신이 독립된 존재라는 것을 깨닫지 못하고 끝까지 부모나 다른 주변인들을 괴롭히는 사람도 있다. 막연히 누군가가 도와주고 지원해 주겠지 하는 의존성이 아주 높은 사람들이다.

특히나 미래로 갈수록 정부 의존도가 높아져 가고 있는 추세이다. 개인들의 생활고로부터 모든 문제가 사회문제화되어가면서 종국에는 정부가 해결해야만 하는 것으로

귀결되고 있는 것이다.

　사회구성원 개개인이 의식주에 관련한 모든 사항을 독립적으로 해결한다면 성취감의 희열을 맛볼 뿐만 아니라 살아가는 보람도 가지리라 본다. 따라서 국가도 부강해지고 모두가 행복해지리라고 본다.

　반면에 의타심을 가지고 방관, 불성실, 불만, 나태, 원망, 자포자기 등으로 빠져든다면 개인도 고통스럽고 국가는 그에 대한 사회비용을 더 많이 지출하여야 할 것이다.

　결론적으로 유아독존이란 말을 재해석해서 이 세상에 '나'라는 사람은 하나뿐인 존재이고 귀중한 존재임을 자각하여 자신을 열심히 가꾸려고 노력하여야 하며 남에게 조금이라도 의지하려는 마음자세를 버리고 어떤 역경에서도 홀로 우뚝 설 수 있는 힘과 능력을 지녀야 하리라고 본다. 각자의 자리에서 자기 몫을 다할 때 모든 것이 풍족하고 행복한 삶이 이루어지리라고 본다.

일체유심조一切唯心造

'일체유심조'란 모든 것은 오직 마음이 지어낸다는 뜻으로, 모든 일에 마음가짐이 중요함을 이르는 말이다.

신라시대에 원효대사와 의상이 당나라로 유학길을 떠나다가 무덤 옆에서 하룻밤을 묵게 되었다. 한밤중 원효대사가 목이 말라 물을 찾다가 손에 잡힌 바가지의 물을 발견하고 아주 맛있게 마셨다고 한다.

다음날 날이 밝아 눈을 떠보니 바가지는 사람의 해골이었고, 물은 썩은 빗물이었다. 원효대사는 순간 비위가 상해 토하고 말았다.

여기에서 원효대사는 "모든 것은 마음먹기에 달렸구나."라고 깨닫고 당나라 유학을 포기하였다.

오늘날까지도 이 말은 명언처럼 활용되고 있다. 너무나도 우리의 피부에 와 닿는 말이기 때문이다.

마음이란 감정과 생각 그리고 기억 등이 생겨나는 곳으

로 자신의 모든 것을 지배하고 있다고 본다.

따라서 마음을 다스리는 자체가 인간의 기본 수양이 아닌가 한다.

학교 다니면서 배운 '일체유심조'는 평생 나를 일깨우는 말이 되었다.

우리가 어려움에 처했을 때 마음을 다스려야지 생각하지만 쉽지 않다.

사람들은 우선 현실 상황에 이끌려 생각하고 본능적으로 행동하게 되어있다. 내 생각을 어떻게 정리하고 숙고할 겨를이 없다. 그 상황에 즉각적이고 무조건적으로 반응하기 때문이다.

우리가 일상에서 경험하는 몇 가지 사례를 들어보면 다음과 같다.

병명을 모르고 멀쩡하게 생활하던 이가 병원진단 결과 병명이 밝혀지면 하루아침에 환자가 되어 사색이 되어가는 것을 종종 본다.

전쟁터에서 총을 맞고 죽을 지경이 되었는데도 겁에 질려 뛰어다니다가 옆에서 알려주면 그때서야 쓰러지는 경우도 있다.

가짜 독약을 진짜라고 속여 투여하면 진짜 독약을 먹은 것처럼 몸에서 반응이 올 수도 있다.

작동되지도 않는 냉동고에 갇혀 작동하는 줄 알고 사망에 이르는 경우도 있다.

통증 치료와 전혀 관계없는 약을 통증 호소 환자에게 통증약이라고 먹이면 통증이 사라지는 효과를 경험하기도 한다. 일명 플라세보 효과 또는 위약효과라고 말한다. 반대 개념으로 노시보 효과가 있다.

게임에서 질 것 같은 예감에 휩싸이면 실제로 게임에서 이기지 못하는 경우를 경험하기도 한다.

인간의 마음 상태를 이용하는 경우로는 사기 수법과 각종 상술 등에도 쓰이며, 자기충족적 예언, 자기 암시효과 등을 통한 자기 컨트롤을 통해 마음을 다스리기도 한다.

오늘날의 심리학이나 정신의학 분야에서 마음의 병이란 말이 나온다.

마음먹기에 따라 몸이 아파지기도 하고 건강해지기도 하며, 기분이 좋아지기도 하고 나빠지기도 한다. 자신의 신체를 통제하는 것도 마음 때문이라고 본다. 모든 병이 마음에서 비롯된다는 말도 있다.

이렇듯 내 마음의 다스림과 통찰은 매우 중요하다.

우리 모두가 마음공부라는 것이 무엇인지 깊이 생각해 보는 시간을 가졌으면 한다.

친구親舊

우리가 친구라 하면 오래도록 친하게 지내온 관계이고 나이가 비슷한 또래를 말한다. 때론 어른이 나이 어린 사람을 친근한 사이에서 호칭하는 말이기도 하다.

우리가 살아가다 보면 친구 관계가 의외로 많이 형성된다.

첫 번째 또래 친구로는 학교 다니면서 만난 친구가 제일 많다. 학창시절 친구로 동창회나 동문회를 통해 정기적으로 만나기도 한다.

두 번째 동네 친구나 지역 주변 친구들이 있다. 동네 친구들은 어린 시절을 같이 보냈기 때문에 추억거리가 많아서 더 친근감을 가진다. 그래서 동네 친구는 언제 만나도 반갑게 느껴진다.

세 번째 직장에서 만난 친구들이다. 오랜 기간 근무하면서 사귄 친구도 평생 갈 수가 있다. 그러나 대부분이 퇴직과 더불어 소원해지는 것이 다반사다.

네 번째 각종 사회활동을 통해 만나는 친구들이다. 스포츠, 레이저, 취미활동, 자격취득 공부, 강좌, 각종 동호회, 봉사단체 등 활동 분야는 손으로 다 뽑을 수 없을 만큼 많이 있다. 접촉하고 자연스럽게 어울리면서 사귀어지는 경우이다.

다섯 번째 어떤 목적을 가지고 소개를 받아 알고 지내는 경우도 있다. 단합이나 지원, 협조, 이성교제, 친족이나 가족 간의 관계형성, 부탁, 장사수단, 사업수단, 이용수단 등 그 목적 또한 많다.

여섯 번째 우연히 운명처럼 만나는 경우가 있다.

친구란 어떤 조건이 딱히 정해진 경우가 없다. 어떤 이유로든 서로가 필요로 하면서 사이좋게 지내면 친구가 될 수 있다고 본다. 친구로서 필요 없는 조건을 나열해 보면 다음과 같다.

첫 번째 남자, 여자 성별 구분이 필요 없다.

두 번째 나이 차이도 따질 필요가 없다.

세 번째 지위, 재산, 학벌 등에 의한 위계가 필요 없다.

수평적 관계이다.

네 번째 때를 가리지 않고 언제든 볼 수 있다. 만남이 자유롭다.

친구로서 서로 좋아하게 되는 조건은 다음과 같다.

첫 번째 만나면 서로 간에 호감이 느껴져야 한다.

두 번째 성격이나 사상, 이념, 종교 등 기타 여건에 동질성이 많아야 한다.

세 번째 대화가 잘 통해야 한다. 배움, 생각, 살아온 환경 등이 너무 달라도 대화가 통하지 않는다.

네 번째 마음을 나눌 수 있어야 한다. 마음을 털어놓을 수 있어야 충고, 상담, 위로, 격려, 위안, 지원, 믿음 등을 주고받을 수 있다.

다섯 번째 서로 간 도움과 응원을 해줄 수 있어야 한다. 심적, 물질적, 육체적으로 서로 도움을 주고받을 수 있어야 한다.

여섯 번째 어떤 여건에서도 내 편을 들어준다.

친구라고 보기 어려움으로 멀어져야 할 경우

1) 불리하면 뒤로 물러서거나 침묵하다가 달아나버린다.

2) 자기중심적으로 생각하고 상대방을 배려하지 않는다.

3) 무시하거나 흉을 보는 경우이다.

4) 거짓말과 사기 등으로 피해를 주는 경우이다.

5) 기타 친구로서 도움이 안 되는 경우가 있다.

친구라고 다 친구가 아니다. 일시적인 경우나 여건이 끝나면 관계도 끝나는 경우이다.

1) 술친구이다. 그냥 술 마시고 즐기는 관계로 끝나는 경우가 허다하다.

2) 직장 동료로서의 친구는 퇴직하면서 거의 관계가 단절되기 쉽다.

3) 사회 친구도 어울림의 과정이 끝나거나 만나지 않으면 자연스럽게 멀어져 버린다.

4) 목적이나 수단으로 만난 관계도 이해관계가 끝나면 자연스럽게 소원해진다.

친구 관계를 유지하려면

1) 꾸준한 연락과 관심이 필요하다.

2) 가끔은 만나서 차도 나누고 식사도 할 수 있어야 한다.

3) 애경사에 적극 참여하여야 한다.

예로부터 친구는 많은 친구보다 진정한 친구를 사귀어야 한다고 하였다. 친구도 내가 어떻게 처신하느냐에 따라 내 곁에 머무르기도 하고 떠나버리기도 한다.

마음에 두고 평생을 같이할 좋은 친구라면 그 친구에게서 멀어지지 않도록 나 자신이 잘해야 하지 않을까 생각한다. 노후로 갈수록 진정한 친구이면서 나에게 위로가 되어주는 친구들이 필요하다.

태양太陽

태양은 은하계 별들 중의 하나로 태양계의 중심에 있으며, 지구를 비롯한 8개의 행성을 거느리고 있는 항성恒星이다.

우리가 살고 있는 지구는 태양의 둘레를 돌면서, 태양으로부터 열과 빛이라는 거대한 에너지원을 받고 있다.

이 에너지원으로 인하여 우리는 생존에 필요한 모든 것들을 제공받고 있는 것이다.

우리 인간에게 절대적으로 필요한 땅, 물, 공기 등을 들수 있지만 이 요소들을 사용 가능하게 하는 것이 태양인 것이다.

태양계가 우리 인간에게 주는 혜택을 다 열거할 수는 없지만 몇 가지 열거해 보면 다음과 같다.

1) 거대한 빛과 에너지를 제공한다.

2) 밤과 낮을 만들어 준다.

3) 비와 바람을 만들어 준다.

4) 빛 에너지의 광합성작용을 통해, 생존에 필요한 유기자양분을 제공한다.

5) 지구상의 온도 유지와 물기 건조, 인간에게 해로운 각종 균을 박멸해 준다.

6) 태양광 에너지를 생산할 수 있다.

지구상에는 태양을 절대 신으로 숭배하는 종교도 있으며, 절대자를 태양에 비유하기도 한다.

문학적으로 볼 때, 일반적으로는 긍정적 표현으로 사용하지만, 사막이나 백야(白夜:nights with the midnight sun)의 북반구로 볼 때는 부정적 의미로도 사용한다.

나는 태양이 떨어지는 꿈을 꾸고 깜짝 놀라 잠에서 깨어난 적이 있다. 며칠 후 작은아버지가 돌아가셨다는 부음을 받았다.

태양은 우리에게 수만 가지 혜택을 주는 절대적으로 필요한 항성인 것이다.

거대한 태양을 바라보고 있으면 존경스럽고 경외(敬畏)롭다. 이런 태양은 만물의 생존을 위한 모든 조건에 관여되어 있다.

우리 생명과 같은 태양의 고마움을 생각해 보자.

각종 세균의 번식을 억제하고 박멸하며, 자양분을 제공하는 유익한 햇빛을 맘껏 쬐여보고 태양과 더불어 살아감에 감사하자.

주차

지난해 12월 중순 눈이 오려는 지 매서운 바람에 진눈깨비가 내리는 초저녁, 어둠까지 겹쳐 시야가 잘 보이지 않아 불안한 시간이었다.

단체 회식을 마치고 주차된 차를 후진하여 빼려는 순간 느낌이 이상하여 백미러를 보았는데 바로 뒤에 차가 주차되어 있었다. 차에 탈 때는 분명 보이지 않던 차가 갑자기 나타난 것이다. 너무 놀란 나머지 내 눈을 의심했다. 어둠과 진눈깨비 때문에 시야에서 잘 보이지 않았던 것이다.

대개의 경우 백미러를 맹신하고 백미러에 의존하여 운전을 한다. 그러나 백미러에는 시각지대가 있다. 백미러가 모든 것을 보여주는 것은 아니다. 고속도로에서 백미러에 보이지 않던 차가 순식간에 지나가는 것을 보기도 하고 후진할 때 안 보이던 차가 갑자기 나타나기도 하는 것을 경험하기도 한다.

주차된 차 주변에서 놀던 아이들이 사고를 당하는 경우도 이 때문이다.

주차할 때는 차 유리문을 열고 밖을 주시하면서 주차하는 게 좋다. 후진할 때도 마찬가지이다.

추월할 때는 미리 깜빡이를 켜고 서서히 변경 차선에 진입하여야 뒤따라오는 차량이 알고 방어운전을 할 수 있다.

백미러만을 맹신하고 급하게 차선을 바꾸면 자칫 큰 사고를 당할 수도 있다.

주차할 때는 되도록 후진주차를 해 놓아야 나중에 빠져나가기가 용이하다. 주차할 때는 차에서 내려 현장 주변을 살펴보는 것도 좋다고 본다.

조수석에 사람이 탔을 경우에는 먼저 내리도록 하여 도움을 받으면 안전하리라고 본다.

주차에 자신이 없는 곳이나 주차공간이 좁아서 사고 위험이 있을 때에는 주변 사람들에게 도움을 요청할 수 있다.

주차는 빨리하는 것보다 안전하게 파킹하는 게 중요

하다. 요새는 후방 주차 카메라가 있어 후진을 용이하게
도 한다.

자칫 차량 접촉 사고가 발생하면 나와 상대방의 안전은
물론이거니와 재산의 손실을 가져올 뿐만 아니라 이로
인한 스트레스도 심하게 받을 수 있다.

주차장에서 접촉사고는 의외로 많이 발생한다고 한다.

사고는 순간이다. 자신 없는 주차나 안일한 판단의 주
차는 사고로 이어지기 쉽다.

운전자는 항상 안전 운전을 위해 조심하고 또 조심하여
야 한다.

할아버지 산소를 손보고

2023년 음력 설날에도 어느 해에나 마찬가지로 집에서 식구들과 세배를 마치고 동생들과 함께 산소를 찾았다. 증조부모와 할머니, 부모의 산소는 집 가까이 위치해 있어 참배하기 편리하다.

그러나 할아버지가 계신 곳은 거리가 좀 먼 곳에 위치하고 있어 수고를 더해야 했다. 그나마 진입하는 길마저 없다시피 하여 어렵게 다녀오곤 하였다. 아버지 살아계실 때는 차가 없던 시절이라 걸어서 두어 시간이 걸릴 정도의 먼 거리이다. 추석 성묘 시에는 낮을 지참하여 벌초를 하였다.

올 설에도 어렵게 할아버지 산소에 도착해 보니 산소가 온통 파헤쳐져 있었다. 놀란 눈으로 살펴보니 사람이 한 흔적 같지는 않고 멧돼지 소행인 듯싶었다.

아직은 땅이 얼어 있어 당장 손을 쓸 수가 없었다. 다행히 올해는 4월에 공달이 끼어 있어 산소 일을 하는데 지장이 없을 것 같아 4월 첫째 주 일요일로 날을 잡았다.

준비해간 술과 음식을 차린 후 할아버지께 절을 하며 마음속으로 죄송함을 고하고 산을 내려왔다.

시간은 흘러 따뜻한 봄이 찾아오고 약속한 날짜가 다가왔다. 나는 동생들에게 작업에 필요한 삽, 갈퀴, 물통, 잔디, 톱, 낫, 땅다지게, 그물망 등을 준비하도록 지시하였다.

지정한 날이 산제사와 겹쳐 있어서 오전에 서둘러 제를 지내고 제사음식으로 식사를 마친 후 할아버지 산소로 출발하였다.

산소에 도착하자마자 먼저 작업계획을 구상하였다. 묘지 방향을 잡기 위해 없는 풍수노릇도 해야 하고 묘지를 어떻게 꾸며야 할지에 대해 동생들과 의논하면서 작업을 시작하였다.

의외로 낙엽이 많이 쌓여 있어서 먼저 갈퀴로 긁어내렸다. 다른 한쪽에서는 나무막대를 잘라 끈을 묶어 작업 구간을 가늠하였다.

작업구간이 정해지자 삽으로 파고 흙을 추켜올려서 일단 봉우리 모양을 만들었다. 그리고 가져간 잔디를 칼로 잘라 묘 봉우리의 일정 구간을 파서 심었다. 마지막으로 제 음식을 차리는 공간인 토방을 만들었다.

마무리 작업으로 땅다지게를 사용하여 묘 봉우리를 다졌다. 땅다지게는 힘이 센 막내 동생이 맡아서 했다.

혹여나 비가 많이 오면 흙이 흘러내릴까 싶어 묘 봉우리 위로 망을 덮어서 말뚝으로 고정하였다.

잔디를 심었기 때문에 물을 주어야 했다. 물 당번은 아들과 조카가 맡아서 처리하였다.

작업이 끝난 뒤 가져간 술과 음식을 차려 절을 올리고 보기 좋게 정리된 할아버지 산소를 보니 다소 마음이 놓였다. 심어 놓은 잔디가 잘 살아서 할아버지 산소를 잘 지켜주었으면 하는 바람도 절실하게 느껴졌다.

각자 작업 도구나 가져간 물품을 챙기게 하여 집에 돌아왔다. 피곤한 몸을 누이다 갑자기 오늘 일에 감사하는 마음이 생겨 눈물이 났다.

우리 형제는 4남이다. 오늘 작업에 모두 참여하여 각자의 몫을 다하였다. 다른 어느 집안 같으면 바쁘다는 핑계를 대며 회피하는 사람들도 있으련만 내 동생들만큼은 적극적으로 호응하여주는데 감사한 마음이 들었다.

그리고 모두가 무탈함에 감사의 마음이 들었다. 동생들에게 더 잘해주어야겠다는 생각이 들었다. 나도 이제 나이를 먹었나 보다.

요즘 세상에 산소 관리를 해야 하냐며 멀쩡한 산소를 파헤치고 화장해서 뿌려버리는 세상이 되었다.

물론 사람마다 생각의 차이는 있지마는 급작스러운 변화에 적응하기란 쉬운 일이 아니다. 그리고 우선은 납득하기가 어렵다.

나는 조상들이 물려준 관습을 내 생전에는 지켜내고 싶다. 돌아가신 분들의 추억과 고마움을 어찌 잊을 수 있겠는가. 항상 그분들의 뜻과 고마움을 섬기며 여생을 살리라고 다짐해 본다.

부탁

얼마 전 선거가 있어 입후보자로부터 잦은 부탁이 있었다. 선거에 도전한 자들은 물에 빠진 사람이 지푸라기라도 잡는 심정으로 하소연을 한다. 특히나 관계를 따져, 한 다리 건너 사람들을 들먹거리며 부탁의 손이 미치도록 은근히 종용한다.

관계에는 부모, 형제자매, 배우자, 자식, 친구, 지인, 직장인, 동호회 모임 등이 있다. 마지못해 지나가는 말로 지지를 슬쩍 건네 보기도 하지만 상대방이 어떻게 받아들일지는 의문이다. 대개의 경우 선호하는 후보자 지지에 대한 결심이 서 있을 것이라 본다.

그러나 역설적이게도 부탁하는 자의 심리관계가 작용할 수 있다. 평상시 반감을 가지고 있는 사람에게서 부탁한다는 말을 들으면 지지하려고 마음먹었던 사람마저 반발심에 바꿔버릴 수가 있다.

부탁이 오히려 거부 효과로 작용해 버리는 경우이다.

사람들의 관계는 이처럼 복잡하게 얽혀 있는 듯하다.

평상시 잘 통하고 서로의 관계가 좋을 때에는 부탁이 먹힐 수 있다.

반면에 서로의 관계가 원수지간일 경우에는 반대 효과가 나올 수 있다. 나는 남에게 좀처럼 부탁을 안 하는 편이다.

내가 지지하던 후보가 선거에서 낙마하였다.

후보자는 당선에 장담을 했던 터라 어이가 없었다. 반발표가 작용해 버린 것이다.

반발에는 여러 가지 이유가 있겠지만 혹여나 부탁으로 인한 반작용은 아닌지 의심 아닌 의심을 해본다.

수준水準

수준이란 뜻은 사물의 가치에 일정한 등급 따위를 정하는 표준이나 정도라고 말하고 있다.

지난해 취미로 배우는 악기교습에서 같이 활동하는 동호인 개개인의 수준이 다르다는 말을 들었다.

여기서 수준이라는 말은 실력차이를 말한다. 언뜻 듣기에는 당연한 말처럼 보인다.

그러나 대상을 지목하게 되면 보이지 않는 공격이자 무시하는 처사의 말로 들릴 수 있다.

그 뜻은 "너는 나를 실력으로 못 따라와"라는 말로 해석될 수 있다. 여기에서 실력이라는 의미를 따라잡을 수 없는 특권 같은 고정관념으로 생각하는 것이다.

수준이란 현재적인 의미가 강하다고 본다. 지금의 상태에서는 실력이 그렇다고 보아야 한다.

수준이란 열정과 능력 그리고 노력에 따라 그 순위를

얼마든지 바꿀 수 있다고 본다.

이제 막 배우려는 사람에게 실력을 말하는 것은 자체가 모순이라고 생각하지 않을 수 없다고 본다.

자신의 경륜이나 노력의 결과로 일정 수준에 오른 것을 숨기고 타고난 능력자처럼 처신하는 것도 어딘가 모르게 씁쓸하다.

챔피언 경쟁에서도 순위는 바뀔 수 있다는 것을 잘 알 것이다. 영원한 우승자나 일인자로 남기는 어렵다는 것이다.

청출어람靑出於藍이란 말이 있다. 이는 제자가 스승보다 나음을 비유적으로 이르는 말이다. 배우는 자가 가르치는 스승을 능가할 수 있음을 적시한 고사성어古事成語이다.

수준이란 말을 상대방에게 함부로 사용함으로써 상대의 감정을 건드리거나 사기를 떨어뜨리고 열등감을 가지게 해서는 안 된다고 말하고 싶다.

교육학적 용어로도 곧잘 수준별이란 말을 잘 쓴다.

좋은 의미의 수준별과 악의적인 의미의 수준별을 잘 구분하여 사용할 줄 알아야 하며, 되도록이면 현재의 수준에 국한하지 말고 발전되고 진전된 모습을 지향하는 수

준의 뜻으로 생각했으면 한다.

결론적으로 수준은 자신의 노력과 능력 그리고 경륜에서 얻어진다. 현재의 실력을 가지고 상대방을 멸시함으로써 마음 아프게 하면 안 되고 자신을 겸손하게 다스리면서 상대방에게 희망을 주는 사람이 되었으면 한다.

수준은 상승의 의미가 강하다고 본다.

열심히 하다 보면 어제보다는 오늘이 더 나아지고 있기 때문이다.

간첩間諜

간첩이란 사전적 의미로 단체나 국가의 비밀을 몰래 탐지, 수집하여 대립 관계에 놓여 있는 단체나 국가에 제공하는 사람을 말한다.

최근에 간첩단 사건이 터졌다. 크게 동요하지 않는 분위기다.

지금은 안보불감증의 시대일까? 혼돈의 시대일까? 지켜보는 나 자신도 혼란스럽다.

먼 이웃나라에서는 연일 전쟁으로 사람이 죽어가고 기반시설이 파괴되어 일상생활이 불편하여 지옥 같은 분위기에서 살아가고 있다.

그러나 우리 주변 분위기는 강 건너 불구경처럼 평온하기만 하다.

다 남의 일처럼 보여서일까.

어떤 몰지각한 이는 "간첩이 지금도 있냐?"고 반문까지 한다. 무지가 아니라 그렇게 말하는 자의 생각과 의도가 의심스럽기만 하다.

간첩의 종류에는 여러 경우가 있다고 본다.

첫째 국가 간의 간첩활동이 있다.

옛날에는 세작細作이라고 말하였다. 영어 표현으로는 스파이spy가 있다. 특히나 적대국의 관계에서는 은거하면서 면밀하게 활동하고 있다. 이처럼 국가 간의 첩보활동은 공식적이라고 본다. 국가의 존립에 따른 방어수단이기 때문이다.

간첩활동 방식으로는 각종 정보 수집, 여론 조작, 요인 감시, 선동, 유언비어 유포, 기밀 수집, 해킹, 관계인 포섭 등 열거할 수 없을 만큼 다양하다.

둘째 산업 간첩활동이 있다.

회사 간의 주요 기술이나 각종 정보를 수집하는 활동이다. 때로는 습득된 정보를 거래하여 막대한 이득을 챙기기도 한다. 회사의 중요한 기밀이 유출 당하면 막대한 피해를 입을 수 있다.

셋째 생활 속의 간첩활동이다.

직장이나 단체 등에서 갖가지 필요에 의해서 간첩활동

을 하는 경우도 있다.

다 열거할 수는 없지만 이 밖에도 어떤 목적을 둔 간첩은 많을 것이라고 본다.

우리는 보이지 않게 누군가에 의하여 세뇌당하고 정보가 털리며 감시당하고 있을지도 모른다. 때로는 선동에 합세하여 이들을 돕기도 하고 근거 없는 유언비어를 자기가 겪은 사실처럼 말하고 다니는 등 간첩활동을 돕는 경우가 있다고 본다.

간첩은 신분을 노출하지 않기 때문에 일반 사람들이 판별하기는 힘들다. 대개는 의심만 할 뿐이다.

국가 담당기관에서는 이런 간첩 색출에 보이지 않는 활동이 지속적으로 이루어져야 국가안보가 지켜지리라고 본다.

국민들도 간첩이란 항상 우리 주변에 존재한다는 생각을 염두에 두고 생활했으면 한다.

나쁜 버릇

나에게는 나쁜 버릇이 있다. 상대방의 자극에 대하여 이성적으로 참지 못하고 뚝 하고 폭발적으로 화를 내는 것이다.

어린 시절에는 어머니에게 회초리나 손바닥으로 많이 맞았다. 손바닥으로 한 번씩 맞으면 어린 몸에 어찌나 아팠는지 모른다. 이때부터 어머니에게 대들며 함부로 대하는 버릇이 생겨난 듯하다.

내가 16살 때 부산에 작은아버지가 살고 있어서 취직하러 부산에 갔었다. 그 당시 시각장애가 있어 마땅한 직업을 구하지 못하여, 가정부로 일하는 누나 벌쯤 되는 이가 있었다. 나는 그 나이에 철이 덜 들어서 어린 조카들하고 맨날 뛰고 장난하며 놀았다. 그것을 못마땅하게 여긴 그 가정부가 나를 나무랐다. 그때 나는 정신없이 대들며 화를 퍼부었다. 그 일로 인해 그 가정부가 그만두는 일이 발생하였다.

어느 날 밭을 둘러보는 데 농작물에 손을 대는 사람을 발견하고 정신없이 나무란 기억이 잊혀지지 않는다. 나 딴에는 다음에는 오지 못하도록 겁을 준다고 퍼부었지만 지금 생각하면 지나친 감이 있어 가끔은 생각이 난다.

40대 후반 무렵 직장에서 상사에게 화를 퍼부은 일이 있다. 발단은 나이가 빌미가 되어서다. 그 무렵의 내 나이 이면 승진도 해야 할 때이지만 말단이라서 상사가 "나이 먹어서 일을 못 한다"는 투로 비꼬는 말에 그만 화가 나 서 정신없이 퍼부어 버렸다.

그 결과는 참혹했다. 며칠을 상사와 대면도 못 하고 나 름 고민하여야 했다. 나중에야 어렵게 화해했지만 그 뒤 로 서먹하기만 했다.

가끔은 마누라와도 싸운다. 부부간에 살다 보면 어지간 한 것은 거의 참으려고 노력한다. 그러나 나에게 거슬리 거나 무시하는 투로 말을 하면 물건을 부수며 화를 발산 하는 일이 종종 있었다.

최근에는 취미 생활로 장구를 배웠다. 그것도 유명인에 게 배울 기회가 생겨 교습을 받았다. 어느 날 선생님의 지적에 나름 못마땅한 부분이 느껴져 순간 화를 내고 말았다. 그 뒤로 장구 배우기에 흥미를 잃어버렸다.

순간적으로 화를 참지 못하고 발산해 버리면 우선은 시원하고 후련한 듯싶지만 다음과 같은 역효과가 나타날 수 있다.

첫 번째 내 몸이 아파지고 심적으로 괴롭다. 정신적으로나 육체적으로 많은 혼란이 생겨서 리듬을 잃어버린다. 이로 인한 스트레스로 질병이 발생하기도 한다.

두 번째 상대에게 큰 상처를 남겨 준다. 내가 공격도 해 보지만 때로는 남에게 당하는 경우도 있다. 무협지를 보면 소리공격법이 있다. 소리로 상대방을 제압하는 무술이다. 과학적으로도 소리로 사람에게 고통이나 피해를 줄 수도 있다. 감정과 함께 격한 소리가 가슴에 와 찍히는 것처럼 몸이 아플 수 있다. 큰 소리에 매서운 감정을 담아 상대방을 공격한다면 이는 흉기로 타격하는 효과가 날 수도 있다고 보는 것이다.

세 번째 회복할 수 없는 관계가 될 수 있으며, 살아가면서 서로에게 많은 악영향을 미칠 수도 있다. 풀어졌다지만 상처자국으로 남아 있게 마련이다.

네 번째 죄책감과 후회의 삶을 살 수 있다. 지나고 나면 이로 인한 후회스러운 일들이 많다. '조금 참을걸' 하는 후회, 상대가 잘못되었다면 죄책감도 평생 가질 수 있다.

순간 욱하는 감정을 누르고 좋은 대화로 문제를 푼다면 먼저 본인이 편해지고 상대방도 더불어 상처받는 일없이 잘못을 반성하리라고 본다.

순간 화를 참는 것은 만복의 근원이라고도 생각한다.

화를 내서 악을 짓고 고통을 불러들이지 말고 화를 내는 대신 지혜롭고 현명하게 대처함이 나를 살리고 내 복을 짓는 일리라고 본다.

3장

가족여행

추석이 다가오는 어느 날 딸에게서 가족여행을 가기로 했다면서 참석의향을 전화로 물어왔다.

나는 별로 반가운 마음이 들지 않았다. 밖에서 숙박을 하면 왠지 모르게 불편하다는 생각에서이다.

내가 머뭇거리자 "모처럼 부모대접을 위해 계획한 행사"라면서 사정하는 바람에 승낙하고 말았다.

일정은 주말을 이용한 1박 2일로 잡아 펜션과 식당을 예약하였다는 연락을 받았다.

나는 여행을 떠나는 기분으로 배낭을 챙기고 설레는 마음으로 출발할 날을 기다렸다.

드디어 계획한 날이 왔다. 손주들과 아내는 딸 내외 차를 타고 나는 아들 내외 차를 탔다.

목적지는 경남 산청에 있는 동의보감촌으로 우리 일행은 신나게 달렸다.

날씨가 공교롭게도 태풍예보와 함께 비가 내렸다.

오후 3시쯤 목적지에 도착하여 우선 예약한 숙소의 방값을 계산하고 가져간 짐들을 풀었다.

비가 부슬부슬 내려 야외 구경은 어려울 것 같아서 실내 박물관을 2시간에 걸쳐 둘러보고 마지막 코스로 족욕하는 곳을 들려 마치고 바로 예약한 식당으로 이동하였다. 건물 모습에 비해 식당 내부는 그리 크지 않았다.

잠시 후 밥상이 차려지기 시작하는데 제법 큰 상에 한가득 음식이 나왔다. 보기만 해도 포만감이 들었다. 돌아다니느라 배가 고팠던 참에 잡히는 대로 먹었다. 반찬은 나물 위주로 건강식 식단이었다. 먹은 김에 술도 한잔 마셨다.

저녁 식사를 맛있게 먹고 숙소로 이동하여 가족들과 한 방에 모였다. 며느리와 사위 그리고 손주들과 함께 즐거운 대화시간을 갖고 9시쯤 남자와 여자 방으로 나누어 잠자리에 들었다.

여럿이 잠자리를 갔다 보니 코를 고는 등 신경이 거슬려 밤새 잠을 설쳤다.

아침 6시에 일어나 1시간 동안 사진을 찍는 등 주변 산책을 하고 나서 식구들을 깨웠다.

아침은 가다가 고속도로 휴게소에서 먹기로 하고 숙소를 빠져나왔다.

지리산 휴게소에서 아침을 먹고 다시 집으로 향해 달리는데 비 오던 날씨가 활짝 개었다. 이런 날씨라면 나들이하기 좋을 것 같아서 남원 광한루를 들려가자고 말했다.

광한루는 무료입장이었다. 광한루에서 투호, 고리던지기, 그네타기, 사진촬영, 연못의 잉어 구경 등을 하고 집으로 출발하였다.

집에 도착하고 보니 저녁 무렵이라 집 근방 꽃게장 잘하는 식당에 가서 저녁식사를 맛있게 먹고 집으로 돌아왔다.

밀려오는 피곤함을 풀면서 오늘의 가족행사에 대해 생각해 보았다.

집 밖에서 잠을 자면 모든 게 불편하다. 또한 손주들하고 움직이다 보면 이동에 제한이 따르고 먼저 챙겨야 하는 긴장감이 생겼다.

그러나 다음과 같은 보람과 효과도 기대해 볼 수 있다.

첫째 다 큰 자식들로부터 융성한 대접을 받음으로써 가

슴 뿌듯함을 느낄 수 있었다.

둘째 무엇보다 식구들과 같이 움직이다 보니 유대관계가 맺어짐을 느꼈다.

셋째 여행을 통해 환경을 바꾸어 봄으로써 나름의 스트레스 해소 방법도 되었다.

넷째 가족여행은 커가는 애들에게는 산교육의 장을 마련할 수 있었다.

다섯째 가족 간에 추억거리를 만들 수 있었다.

결론적으로 가족 간의 여행, 때로는 고달플 수도 있지만 가끔은 가볼 만한 가치가 있다고 생각한다. 가족과의 어울림 시간을 가져서 가족유대, 가족행복, 두툼한 가족관을 가지는 시간을 가져보자.

이상한 신호등

최근 서울 고모 집을 찾느라고 헤매던 길에 이상한 신호등을 지나쳐 건너다가 낯 뜨거운 욕설을 들었다.

순간 뒤돌아 살펴보니 골목길 같은 길목에 신호등이 설치되어 있었다.

어떤 연유인지 맞은편 신호등이 길가에서 5m 이상 떨어진 곳에 설치되어 있었다. 낯설은 이방인들에게 판단을 흐리게 할 수 있는 위험성이 있는 신호등이었다.

나는 '골목길에 무슨 신호등' 하며 주변을 살펴 재빠르게 건넜던 것이다.

순간 지나가던 오토바이에 탄 사람이 "야×××야" 하고 듣기 거북스러운 욕설을 하면서 지나가는 것이었다. 아찔한 순간이었다. 창피하기도 하고 욕을 먹어 마음도 아파왔다.

내가 미처 못 보고 실수한 것이나, 신호등답게 설치되

지 않은 것이나, 욕설을 퍼붓는 오토바이 사나이가 엉클어져 순간 혼란스럽기만 하였다.

울컥 치밀어 오르는 속마음을 달래며 부주의한 나를 반성해 보았다. 사고라는 것은 순식간에 일어날 수도 있다는 생각이 새삼스럽게 들었다.

오토바이 사나이의 막말 욕설보다는 "신호 지키세요!"란 좋은 말로 하였으면 얼마나 좋았을까 하는 아쉬움이 남았다.

또한 행정편의만을 위해 이상한 신호등을 설치하여 자칫 사고를 유발할 수도 있겠다는 생각이 떠올라 다른 행인들을 걱정해 본다.

방관자傍觀者 효과

방관자 효과란 어떤 사건이 생겼을 때, 다른 사람들이 어떻게 행동하는가에 따라 판단하여 행동하는 현상을 말한다. 기존 사례들을 돌이켜보면 오히려 주변 사람의 수가 많을수록 도움을 받기 어려웠다는 사실이다.

비슷한 말로 구경꾼 효과, 대중적 무관심, 제노비스 신드롬syndrome(1964년 뉴욕의 퀸스 지역 주택가에서 키티 제노비스라는 여성이 강도에 의해 살해된 사건으로 그 당시 살인을 목격한 38명은 경찰에 신고하지 않음)이 있다.

이는 위급 상황에서 누군가 도와줘야 하는데 보는 사람이 많을수록 도움받기가 힘들다는 것이다. 다들 서로에게 눈치만 보거나 여러 가지 이유로 지나쳐 버린다는 것이다.

우리가 위기에 처했을 때 막연히 비명이나 소리만 치면

도움을 못 받는다. 사람이 많아도 반드시 누군가를 지명해서 도움을 받아야 한다.

예를 들면 "저기 하얀 바지를 입고 있는 남자", "검정 티를 입고 있는 남자", 눈짓이나 손가락으로 상대를 가리키며 "당신"이라고 지명하는 것이다.

그렇지 않으면 도움을 받지 못하는 위급상황에 빠질 것이다. 이는 위급 상황에서 자기를 구원받을 수 있는 방책이기도 하다.

화재 발생 시나 응급환자 조치 시, 범죄인이나 기타 가해자에게 당하는 경우, 사고로 도움을 받아야 할 경우 등에도 반드시 지명해서 도움을 받자.

냄비 속 개구리 이론

냄비 속 개구리 이론은 프랑스의 요리 중 개구리 요리가 있는데, 이 요리를 할 때에 개구리를 물에 천천히 가열하면, 개구리는 얌전한 상태로 있다가 요릿감이 된다는 데서 나온 말이다.

이 이론은 직장에서 변화에 적응하지 못하고 안주하다가 쫓겨나는 경우, 안전사고에 무관심하다가 당하는 경우, 안일한 생각으로 세상을 살아가다가 사기 당하는 경우 등 허다하게 많이 적용되는 이론이다.

이는 현실에 너무 안주하여 세상 흐름에 적응하지 못하고 남의 눈치만 보면서 살아가는 삶을 말하기도 한다.

"과거에 그러했으니까"라고 생각하거나 생활방식을 그대로 고집하는 경우, 사고 없이 지낸 세월을 들먹이며 설마 우리에게 "무슨 일이 일어나겠어."란 안전 불감증 등 우리에게 다가오는 위험을 모르고 서서히 당하거나 불행의 늪으로 빠져들고 있는 현상일 수 있다.

일반 사람들을 대하거나 주변 사람들과 부대끼며 살아가면서도 사회의 흐름을 인식하지 못하는 경우가 많다. 몰라서가 아니라 잘못된 아집 때문에도 바꾸려 하지 않는다. 안타까운 일이다.

나의 잘못된 판단이나 안일한 생활에 젖어 살거나 남의 선동이나 유혹, 음모에 끌려다니는 삶은 아닌지 자신을 뒤돌아보자.

남의 일 구경하듯 방관한다거나 달콤한 유혹에 넘어가 영영 빠져나올 수 없는 수렁 속의 자신을 상상해 보자.

냄비 속 개구리처럼 서서히 당하는 줄 모르고 현재에 안주하면서 맹목적으로 순응하는 것은 아닌지 자신의 주변을 보다 넓게 살펴보는 지혜를 가져야 하리라고 본다.

비움의 철학哲學

　방 안의 물건들을 치워야 새로운 물건들이 들어올 수 있듯, 비움은 채움을 위해 필수적으로 해야 할 일이다.

　비움은 여유뿐만 아니라 정신을 집중할 수 있는 힘을 만들어 주기도 한다.

　욕심을 비우면 마음이 편안해지고 맑은 정신을 가질 수 있다. 비움은 억압된 감정이나 집착의 굴레에서 해방될 수 있는 기회를 준다.

　우리가 책을 보면서 다른 생각을 하면 책 내용을 이해하기 어려울 수 있다. 눈만 글을 읽고 머리는 엉뚱한 생각에 가득 차 있는 것이다. 이때 잡념을 비워야 책 내용을 이해하면서 읽을 수가 있는 것이다.

　운동선수가 머리에 다른 생각이 없어야 집중하여 큰 힘을 발휘할 수 있고 실수도 막을 수 있다. 즉 비움이 있어야 실수 없이 힘을 발휘할 수 있는 것이다.

경쟁시험에서도 두려움으로 가득 찬 경우, 정답에 대한 생각이 떠오르지 않아 시험 답안을 작성할 수 없을 때가 있다. 두려움이란 것을 비워야 생각의 자유로움을 가질 수 있는 것이다.

비움의 철학, 누구나가 배우고 숙고하면서 실천해야 할 철학이라고 본다.

비움은 포기하거나 버림이 아니라 힘을 모으기 위한 방법이며, 생각의 자유로움을 얻을 수 있고, 억압의 굴레에서 해방될 수 있는 기회를 얻는 것이라고 본다.

모든 면에서 비움을 잘하면 내가 이루고자 하는 일에 가까이 다가갈 수 있는 조건을 만들어 주고 무한의 힘을 가질 수 있는 기회를 얻는 것이라고 본다.

안전도우미 봉사활동

정년 후 몇 년이 흐른 뒤 우연찮게 안전도우미 봉사활동 기회가 생겨 끌려가다시피 활동하다 보니 벌써 2년 차에 접어들었다.

처음에는 봉사의 실효성에 대해 크게 와닿지 않았으나 회수를 거듭하다 보니 서서히 보람을 느끼는 듯하다.

공직생활을 경험한 터라 민원을 제기하면 담당 공무원들이 힘들어할 거라는 것을 너무도 잘 알기 때문에 처음에는 선뜻 잘못된 부분에 대하여 신고하기가 망설여지기만 했다.

그러나 팀원이 구성되어 활동하다 보니 팀원 간 합의가 이루어지고 이를 따를 수밖에 없으면서 주변에 일어나는 모든 민원에 대한 신고가 이루어졌다.

쓰레기가 쌓인 곳, 정비가 안 된 공원, 운동기구나 놀이기구의 파손, 도로 안전시설 파손 등을 신고하였다. 신고에 대한 신속한 반응과 개선 효과를 확인하면서 나름 사회 안전도우미로서 훌륭한 일을 하고 있음을 자찬해 본다.

최근 서울 이태원 압사사고처럼 인재재난을 보면서 더욱 안전에 대한 경각심이 생겼다.

불비되었거나 위험에 노출된 부분을 사전에 지적해 줌으로써 안전사고 예방에 많은 도움이 될 것이라는 기대감을 가지게 된 것이다.

이제는 무엇을 대하든 예사스럽게 흘려보지 않고 항상 안전과 결부되어 보는 습관이 들게 되었다.

비단 나 같은 안전도우미가 아니더라도 수시로 발생할 수 있는 안전사고에 대하여 우리 모두가 의견을 제시함으로써 대형사고 등을 사전에 예방할 수 있다면 이 또한 크나큰 성과가 아닐 수 없다.

안전사고 예방에 대하여는 강조하고 또 강조해도 지나치지 않다고 본다.

안전사고 예방 봉사자로서 자부심과 뿌듯한 보람을 느끼며 오늘도 가벼운 시선으로 안전을 살핀다.

상대방을 무시無視하면 나도 무시당한다

무시란 사람의 성품이나 사람의 행동을 가볍게 보거나 인정하려 하지 않는 것을 말하거나, 어떤 대상을 업신여겨 깔보는 것을 말한다.

우리가 일상생활을 하다 보면 남을 무시하는 경우가 많다. 나보다 못한 사람의 말이나 행동, 미워하는 사람의 말이나 행동 등에 있어서 나도 모르게 상대에게 무시하는 말투나 행동을 하게 된다.

이런 무시보다는 그 누구도 인격적으로 존경받아야만 서로가 행복한 사회가 될 것이다. 설령 서툴고 미숙할지라도 배려해주고 이해해주려고 노력해야 할 것이다.

무시하는 말들을 몇 가지 보면 다음과 같다.

"그것도 못 하면서 뭘 한다고" 등의 말로 상대방의 힘을 빼는 경우.

"너는 빠져" 등의 말로 상대방이 배신감과 소외감, 허탈감을 느끼게 하는 경우.

"형편이 없구나" 등의 말로 분노를 자아내게 하는 경우.

"하는 일이 그렇지" 등의 말로 반발심을 조장하는 경우.

"이거 해서 뭐하게", "쓸데없는 짓 하네" 등의 말로 사기를 꺾는 경우.

"남자(여자)가 되어가지고" 등의 성적 비하 말을 하는 경우.

"나이 먹어가지고" 등의 연상(어른)을 비하하는 경우 등 허다하다.

때로는 인사도 받지 않고 지나쳐 버리거나 성의 없는 반응을 보이는 경우도 있다.

무심코 무시하는 말 한마디가 상대방에게는 비수로 변해 가슴에 꽂히는 것 같은 아픔을 느낄 수 있다.

상대방을 무시하면 자신도 미움이나 원망의 대상이 되어 서로의 관계가 멀어지고, 인격적으로 존경받지 못할 뿐만 아니라 감정적으로 변해 있을 수 있다.

상대방을 무시하면 반발심이나 분노가 생겨 언젠가는 자신도 무시당할 수 있음을 명심하여야 할 것이다. 무시는 또 다른 무시와 불만을 불러올 뿐이다.

몸풀기

우리가 일을 끝내고 나서나 일을 하는 중에도 몸풀기를 해 주어야 건강을 유지할 수 있다.

육체적으로 일을 하는 경우에는 몸을 움직였기 때문에 몸풀기에 대해 소홀할 수가 있다.

그러나 일과 몸풀기는 다르다.

일은 대개의 경우 몸을 한쪽으로만 쓰는 경우가 많다.

이런 예로 오랫동안 직장 일에 시달리다가 직업병을 얻는 경우가 많다. 특히나 허리 아픈 환자가 의외로 많다.

시골에서 오랫동안 농사일만 한 사람들이 나이 들어서 허리 디스크나 다리 관절염으로 고생하는 이들이 많다.

삽질을 하다 보면 허리가 유난히 아프다. 허리에 무리가 가기 때문이다. 이때는 허리를 풀어줘야 한다.

다리를 많이 사용했다면 다리를 풀어줘야 하고, 팔 부위를 많이 사용했다면 팔 부위를 잘 풀어줘야 한다.

따라서 일과 운동은 구분되어야 하고, 몸풀기는 계속 이루어져야 한다고 본다.

몸풀기로는 체조와 스트레칭, 요가, 걷기 등의 운동이 있다.

특히나 사무실에서 근무하는 사람이나 고정된 자세로 일하는 사람은 운동으로 몸풀기를 반드시 해줘야 한다.

우리의 몸은 기계와 같다.

기계는 기름을 치고 잘 관리하여야 고장 없이 오래 사용할 수 있듯이, 우리 몸도 체조나 적절한 운동으로 잘 관리하여야 건강한 몸을 유지하면서 장수할 수 있다.

인생은 선택選擇이다

우리는 인생을 살아가면서 무수한 선택을 하며 살아간다.

애기 때부터 많이 들어본 말이 있다. "엄마가 좋아 아빠가 좋아" 참 대답하기 애매한 말이다. 이렇듯 어릴 때부터 은근히 선택을 강요한다.

커가면서 놀이 친구도 선택해야 하고, 고등학교부터는 어느 학교를 가야 할지를 선택해야 하며, 학교를 졸업하고는 어디에 취업을 해야 할지도 고민하게 된다.

취업하고 나면 누구와 결혼해야 할지 선택해야 하고, 나이가 들면서 노후에는 어떻게 마무리해야 할지에 대해 선택의 기로에 서게 된다.

일상에서도 선택은 항상 따라다닌다. 음식점에 들어가서 메뉴판을 보면서 이걸 먹을까 저걸 먹을까 선택해야 한다.

무엇을 선택하느냐에 따라 나의 앞길이 달라질 수 있다. 학창시절에 공부할 때는 학생이었으니까 같은 처지로만 보았다.

그러다 성인이 되어 각자 직업이 생기고, 소득이 생기며, 전문분야 등이 달라진다. 이런 결과로 삶의 질이나 사회적 위치가 제각기 다른 위치에 서게 된다.

일상적인 선택은 우리 삶에 그다지 영향을 주지 않는다. 그러나 중요한 선택은 우리 삶에 영향을 줄 수 있다.

선택에 있어서는 조언을 받아 보는 게 좋으므로 가족, 친구, 동료 등의 의견을 구하거나 협의해 보는 게 좋고, 중요한 선택의 경우에는 주변에서 그 분야에 전문지식이 있는 사람에게 조언을 받거나 상담할 수 있다.

공적인 선택에서는 여러 사람의 중론을 모아 결정하여야 한다고 본다.

결론적으로 모든 선택은 신중해야 하고, 선택에 의하여 행해진 일에 대해서는 책임이 따를 수 있다. 선택의 결과로 아쉬움이나 후회가 따르면 자신만 괴로울 뿐이다.

오늘도 당장 선택해야 할 일들에 대해 고민해 보자. 선택 후에 후회는 항상 늦다. 무엇을 선택하느냐에 따라 가는 길이 달라질 수 있으며, 일의 성사나 실패, 효과와 역효과를 좌우할 수 있고, 삶의 결과가 달라질 수 있다.

마지막으로 선택의 결정은 남의 도움 없이 자신이 평상시에 생각하던 삶의 지표指標나 자신의 목표目標에 의해서도 할 수도 있다. 이 경우는 자신이 숙고하여 얻은 지표나 목표이다.

남의 떡이 더 커 보인다

카메라를 들고 꽃 사진을 찍다 보니 저 너머에 있는 꽃이 더 예뻐 보여서 가시덤불을 젖히며 어렵게 가보니 더 형편이 없었다.

내 눈을 의심해 봐야 할 상황이었다. 속담이 바로 떠올랐다. "남의 떡이 더 커 보인다"이다.

자기 것보다 남의 것이 더 많아 보이거나 좋아 보인다는 것을 이르는 말로, 영어속담으로는 "남의 정원 잔디가 더 푸르게 보인다(The grass is always greener on the other side of the fence.)"이다.

사람은 심리적으로 남의 것이 더 좋아 보이고 커 보인다고 한다. 그 이유는 상대방의 것에 대하여 정확한 정보를 알지 못함에 있고, 같은 크기이면 심리적으로 상대방의 것이 더 커 보인다는 것이다.

일종에 판단의 객관성을 상실하거나, 나의 욕심에 대한

발동發動이라고 볼 수 있다.

나의 현실에 만족하지 못하는 경우나, 남을 부러워하고 시기하는 마음, 남과 나를 비교하는 과정 등에서 나타난다고 한다.

항상 남의 것이 좋은 것만은 아니다. 내 것도 좋은 것이 있다. 내가 가진 것에 대하여 감사하는 마음을 가지는 것이 중요하다고 본다.

"내 손 안에 있는 한 마리의 새가 남의 수중에 들어 있는 열 마리의 새보다 낫다"는 격언이 있다. 또한 "다 쓰러져가는 초가집인 내 집이 부자의 기와집보다 낫다"는 말도 있다. 하찮아도 내 것이 최고란 뜻이다. 남의 것은 그림의 떡이나 마찬가지이다.

남이 하고 있는 일은 쉬워 보이고 좋아 보이는데, 내가 하고 있는 일은 하찮아 보이고 힘들게 느껴지는 것이 또한 비슷한 경우이다.

경제적으로 넉넉하지 못한 현재의 나를 의식하지 못하고, 경제적으로 넉넉한 자가 하는 것을 무턱대고 따라 한다면 무리가 따르고 더욱 궁핍해짐과 더불어 불행해지고 말 것이다.

남들이 하니까 나도 한다는 식으로 무조건 따라 하지 말고 내 처지에 맞는 처신을 하여야 한다고 본다.

현재 내가 가진 것에 만족하면서 살면 그것이 행복이 아닐까 싶다.

환경탓

나의 학창 시절에는 매우 어려운 환경이었다. 공부할 여건이 제대로 구비되어 있지 않았다.

당시 시골 작은 방에서 누나와 동생들 그리고 할머니까지 한방에서 거처했으며, 처음에는 호롱불을 켜고 생활하다가 전기가 보급되었는데, 희미한 불빛에 전기 시설도 형편이 없었다.

책상도 구비되어 있지 않아서 밥상을 사용하였고, 그렇지 않으면 방바닥에 엎드려 공부하던 시절이었다. 이렇게 어려운 시절에도 누나와 여동생은 초등학교 시절 우등상을 받았다.

내가 살아오면서 느낀 것은 어려운 환경을 극복하며 열심히 했을 때 더 알찬 효과를 얻을 수 있다는 것이다.

공부방이 없어, 책이 없어, 필기구가 넉넉하지 못해 등은 핑곗거리밖에 안 된다. 어려운 환경에서도 내 의지만 굳건하게 서 있다면 오히려 더 효과적으로 공부할 수 있다. 이런 환경에서 의지만 불태우면 잡념이 없어지고 정신집중이 더 잘될 수 있다고 본다.

자신의 환경 탓이나 조건탓만 하지 말고, 어려운 처지에서도 힘차게 박차고 나갈 수 있는 굳센 의지를 길러보는 것도 큰 힘이 된다.

좋은 환경만을 바라거나 꿈꾸지 말고, 도움만을 기대하지 말고, 현실을 최대한 이용해서 굳센 의지를 불태워보기를 권한다.

그러다 보면 무슨 일이고 잘할 수 있을 것이다. 열심히 노력하는 자에게는 행운이 오고 성공할 수 있는 기회가 반드시 올 것이기 때문이다.

오감五感의 활용

오감이란 시각, 청각, 후각, 미각, 촉각의 다섯 가지 감각感覺을 말한다.

시각은 눈으로 볼 수 있는 감각을 말한다. 우리는 눈으로 이 세상 모든 것을 다 볼 수 있다. 눈은 내가 보고 싶은 것만 보는 게 아니라, 내 의지와 무관하게 그냥 보여 지는 것이다.

청각은 귀로 들을 수 있는 감각이다. 이 세상의 모든 소리를 다 들 수 있다.

후각은 코로 냄새 맡을 수 있는 감각이다. 군침이 도는 냄새든 악취든 다 맡을 수 있다.

미각은 혀로 맛을 느끼며 음식을 섭취할 수 있는 감각이다.

촉각은 피부로 접촉하여 느낌을 받을 수 있는 감각이다. 굳이 피부접촉이 아니더라도 바람결에 그 촉각을 느낄 수 있다.

우리는 오감이 있기에 감정이 생겨난다. 느낌, 맛 등을 통해 때로는 행복감을 갖는다.

엊그제 벚꽃구경을 갔다. 하얀 벚꽃이 눈부시도록 예쁘게 피어 있었다. 특히나 도로 양쪽으로 서 있는 벚꽃이 터널을 만들어 환상의 작품이 되었다. 탄성이 입에서 절로 나오게 한다. 시각으로 인한 기쁨이다.

오감은 두 가지 이상 어울리면 그 맛이나 느낌을 더 한층 높일 수 있다. 음식을 먹으면서 혀로 기분 좋은 맛을 느끼고, 구수한 냄새로 촉각을 자극하며, 눈으로는 잘 차려진 음식들을 보면서 만족감을 느끼고, 여기에 좋은 대화나 좋은 음악이라도 들려오면 한층 분위기가 살고, 내가 좋아하는 이들과 피부라도 접촉하거나 상쾌하고 시원한 바람이라도 불어오면 기분이 더욱 좋아지리라고 본다.

오감은 신이 준 선물이다. 우리 몸을 보호하는 생명 유지기능과 삶의 맛을 느끼게 할 뿐 아니라 잘 활용하면 자신만의 인생의 참맛을 가질 수 있다고 본다.

4장

사생활, 비밀 지켜주기

우리가 인생을 살아가다 보면 개인적인 비밀이 생겨난다. 남에게 알리기 싫은 그런 비밀이다.

우리가 가족이나 친구 또는 애인관계에서는 비밀이 없어야 한다고들 말한다. 그러나 아무리 친하고 허물이 없더라도, 말하고 싶지 않은 감정이나 들추어내고 싶지 않은 일들이 있다.

만약이라도 이런 비밀이 누설되면 심리적으로 큰 상처를 받을 수 있다. 누설하지 말아야 할 비밀이다. 서로가 알면 이로운 정보가 아니라 오히려 파탄이 나거나 서로 간에 마음 아픈 상처로 남을 수 있고 자존심이 상하거나 죄책감, 허탈감, 배반감, 열등감 등 다양한 형태로 나타날 수 있다.

상대가 숨기고 싶어 하는 사생활의 비밀은 밝히려 하지 말고 지켜주자. 비밀을 말하려 해도 덮어주자. 들추어냄으로써 오히려 허무한 상처로 남을 일을 만들지 말자.

비밀은 남이 알면 지탄 받을 수도 있고 불미스러운 일이 발생할 수 있지만 자기만의 낭만적인 추억일 수도 있다. 또한 가슴에 깊이 묻어 두고 싶은 악몽 같은 일일 수도 있다.

가족, 가까운 사람, 많이 사랑하는 사람이라면, 더더욱 그런 비밀들은 알려고 하지 말아야 할 것이라고 본다.

사생활의 비밀이 탄로 남으로써 인격 파탄으로 이어질 수 있다. 이로 인해 극단적인 선택을 하는 경우도 있다.

삶에 정답은 없다

우리가 살아가면서 항상 생각하는 게 있다. "지금 내가 옳게 살고 있나"와 그리고 "내가 가고 있는 이 길이 맞을까?" 하는 생각을 가끔 한다.

누군가는 "이렇게 살아라." 일러주고, 주변의 많은 사람이 나름대로 "이렇게 사는 게 좋다."라고 경험담을 말하기도 한다. 당장은 그런 말들을 듣고 "그게 맞아"라고 생각하지만 자기가 직접 실천하기에는 잘 안 되는 경우가 많다.

현실적인 삶에 있어서는 자기 판단기준과 주관이 있기 때문이다. 이런 판단기준이나 주관은 자기 주변의 환경이나 개인능력, 종교, 직업 등 여러 요인에 의해서 다를 수 있기 때문이다.

다른 사람에 대한 삶의 원칙이 내 삶의 원칙과 같을 수만은 없다. 보편적인 입장이나 공동체적 입장에서는 행동을 같이할 수 있다. 그 외는 자기 나름의 인생을 사는 것이다.

옛날 서당교육 같은 시절에는 책에 나온 문구를 해석하면서 그렇게 살도록 강요하였으나 요즈음의 시대에는 기본만 가르쳐주고 자율에 의해서 살아가도록 하고 있다.

자기 삶은 누가 뭐라 해도 내 방식대로 살아가게 되어 있다. 만약 남의 눈치나 보고 있다가 정작 자기 삶의 기회를 놓친다면 어리석고 후회스러울 것이다.

우리가 삶에 정답을 안다면 앞길을 다 내다보고 미리 짜여진 연극의 각본과 같이 살아갈 것이다. 어찌 보면 참 재미없는 삶일 지도 모른다.

결론적으로 우리는 나름대로 삶에 대한 정답을 찾으려 노력할 뿐이다. 보다 나은 삶을 기대하거나 다른 사람의 삶을 지켜보면서 자신을 의식하지 못한 채 서로 보이지 않는 경쟁을 하면서 살아가고 있는지도 모른다.

삶의 결과에 대해서는 나중에 "숙명宿命이나 운명運命"이었다고 핑계나 변명 아닌 넋두리를 할 것이다.

시행착오施行錯誤

　시행착오의 사전적 의미는 어떤 목표에 도달할 때까지 여러 가지를 실행하고 실패를 되풀이하는 일을 말한다.

　우리가 일상에서 많이 겪는 일이다. 이는 학습의 한 과정에 따른 이론이기도 하다. 일상에서 예를 들면, 번호열쇄 번호를 잊어버려서 가물가물할 때 이 숫자 저 숫자를 적용해서 결국에는 열쇄를 여는 경우이다.

　갓난아기들이 성장하면서 걸음마나 말을 배우고 행동을 배울 때도 이런 시행착오 과정을 겪는다.

　시험공부를 하면서도 예상문제를 많이 풀어보고 틀려봐야 정답률을 높일 수 있다.

　아이들이 많이 하는 퍼즐게임도 이에 해당한다.

　우리가 삶을 살아가면서도 이렇게도 해보고 저렇게도 해보면서 바른길을 찾거나 올바른 선택을 하는 것이다.

　어떤 일에 도전하여 몇 번의 실패 과정을 거치면서 성

공하거나 성취하는 결과를 얻는 것도 이에 해당한다.

우리가 살아가면서도 무슨 일이든 간에 도전이나 시도를 해보고, 실패나 좌절의 결과를 당연하게 받아들이면서, 성공에 이르는 길을 찾아보아야 한다. 시행착오 원리는 우리 삶에 있어 항상 함께하고 있기때문이다

완벽하지 못한 인간이기에 평생 동안 시행착오의 과정을 되풀이하면서 살아가는 것이다.

뜻을 두면 기회는 온다

우리 각자는 많은 꿈을 가지고 있다. 원하는 학교에 가고 싶고, 원하는 직장도 가지고 싶고, 직장에서 높은 자리까지 승진하고 싶고, 예쁘고 능력 있는 배우자도 맞이하고 싶고, 돈도 많이 벌고 싶고, 남보다 뛰어난 특기나 기능도 가지고 싶고, 여행도 다니고 싶고, 맛집도 다니고 싶고, 친구들과 신나게 놀아도 보고 싶은 등 이루 다 열거할 수 없을 정도로 하고 싶은 것이 많다.

이 중에서도 더 깊이 들어가서 세부적인 인생의 설계와 함께, 시기에 따라 또는 평생에 걸쳐 이루고 싶은 꿈에 따라 목표가 생기고 이를 꾸준히 생각하게 된다.

목표나 꿈은 변화될 수 있다.

나는 어렸을 때 꿈이 큰 부자가 되거나, 높은 벼슬에 오르거나, 유명한 사람이 되는 거였다.

고등학교 시절에는 장교로서 직업군인이 되고 싶었으

나 좌절되어 포기되자, 기술자가 되고 싶었다. 그러나 기술자도 아무나 되는 게 아니었다. 적성에 맞아야 하는 것이었다.

그러다 군대 갔다 와서 다시 뭘 할까 생각하다가 공무원이 되기로 결심하고 열심히 공부하여 그 꿈을 이루었다.

우리가 살아가다 보면, 하고 싶어지는 게 생겨난다. 무슨 취미에 빠지고 싶다든지, 유럽 해외여행을 한번 가봤으면 하는 생각이 든다든지, 책을 펴내고 싶다든지 등 다양하고 많은 분야에서 그때 상황에 따라 원하는 게 생겨나는 것이다.

이처럼 원하는 게 생기면 나도 모르게 그와 관련된 건으로 관심이 쏠리고, 여러 가지로 관련된 생각도 많아지며, 행동도 무의식적으로 원하는 바에 접근하게 되어있다.

이렇게 꿈을 가지고 살다 보면, 우연히 뜻하는 일을 할 수 있는 여건이 조성되는 기회가 올 수 있다.

"꿈은 이루어진다."라는 말을 많이 쓴다. 뜻하는 바의 기회는 찾아올 수 있고 성취할 수 있다는 것이다.

평상시 내가 해보고 싶은 것이 생겨나면 좋은 구상을 하면서 뜻을 가져보자.

한번 놓쳤다고 좌절하지 말고 또 기다려보자. "뜻이 있는 곳에 길이 있다"고 했다. 뜻하는 곳에 길이 생기면 기회를 놓치지 말고 우리 꿈을 성취해보자.

분실물紛失物 처리

우리가 살아가다 보면 남의 분실물을 습득하는 경우가 생긴다. 남의 분실물은 습득하는 경우에는 경찰서에 신고하거나, 행사기관이나 행사 주체 본부에 접수하거나, 그대로 놔두는 방법이 있다.

남의 분실물을 습득해서 사용하는 경우에는 점유이탈물횡령죄가 성립하게 된다(형법 제260조). 점유이탈물횡령죄란 유실물, 표류물, 매장물 또는 타인의 점유를 이탈한 재물을 횡령하는 것을 말한다.

점유이탈물횡령죄가 인정되면 1년 이하의 징역이나 300만 원 이하의 벌금 또는 과료에 처해진다.

분실물 습득 시에는 신고나 접수 등으로 바로 처리하여야 한다. 남의 분실물을 가지고 지체하면 뜻하지 않게 손해 배상이나 불미스러운 일이 발생할 수 있다.

분실물을 이용해서 사기를 치는 경우도 있다. 지갑이

땅에 떨어져 있어서 경찰서에 신고하였는데, 주인이 나타나서 지갑에 귀중품이 있었는데 없어졌다고 신고자를 의심하는 등 봉변을 당하는 경우도 있다.

이런 사례를 보면서 경우에 따라서는 남의 분실물은 그대로 놔두는 것도 방법일 수 있다고 생각한다.

좋은 일 하려고 남의 분실물을 신고하였는데 의외의 사건에 말려드는 경우도 있으므로 남의 분실물 처리에 신중을 기하도록 하자.

장애의 극복

동창들이 이따금 보내주는 동영상에 장애를 극복하면서 열심히 사는 모습을 보게 되었다. 두 팔이 없는 데도 온몸과 발로 모든 일을 척척 해내는 것을 보고 어떤 묘기를 보는 것 같은 감동을 받았다.

두 팔이 없어도 농사도 짓고 발로 수영을 하며, 발가락으로 붓을 잡아 서예를 하고, 한쪽 팔이 없어도 대금 악기를 연주하는 등 장애를 극복하고 세상을 훌륭하게 살아가는 사람들이 있다는 것에 깊은 감명을 받았다.

우리가 살아가면서 자신의 신체적 약점에 대해 불만스럽게 탓만을 하는 이가 있다. 때로는 열등감에 젖어 산다.

그러다 보면 자신감이 없어지고 세상을 어둡게만 볼 수 있다. 따라서 항상 불만으로 가득 차게 되어 불행하게 세상을 살아간다.

내 인생은 내가 개척하기 나름이라고 본다. 불굴의 의

지와 신념으로 이를 슬기롭게 적응하고 삶을 개척한다면 불가능이란 거의 없다고 본다. 따라서 자신의 삶에 대한 행복과 인생의 기쁨도 찾을 수 있다.

비록 장애가 있더라도 이를 훌륭하게 극복해 나간다면 주위 사람으로부터 찬사도 받고 적극적으로 도움과 배려를 받을 수 있다.

장애보조인활동을 하는 사람들도 마음에서 우러나는 봉사정신과 투철한 희생정신을 가지고 활동에 임해야 한다.

산불조심

뉴스에 따르면 지난 3월에는 경북 울진 산불로 임야 3,300ha가 소실燒失되었으며, 이어 지난 4월에는 강원도 양구 산불로 720ha(720만㎡)가 소실되는 피해를 입었다.

산불은 고의 또는 과실로 발생하며, 한번 타기 시작하면 불끄기가 쉽지 않다. 소화 작업 시에도 연기나 화력으로 질식 등의 위험부담이 따른다.

산림보호법상 실수라도 산불을 내면 3년 이하의 징역 또는 3천만원 이하의 벌금에 처한다. 고의의 경우, 최대 15년 이하의 중형까지 받을 수 있다.

산은 우리에게 휴양지로, 건강과 활력을 주는 곳으로, 산림자원 등 많은 것을 제공한다.

산을 오르다 보면 우리나라 산은 수북이 쌓인 낙엽과 고목으로 계절에 관계없이 항상 화재 위험에 노출되어 있음을 알 수 있다.

산불방지를 위해서는 산에서는 일체 불을 다루는 라이터나 성냥, 가스 등의 물품을 소지하지 말아야 하며 취사 행위도 금해야 한다. 산속이나 주변에 거주하는 주민들에 대해서도 화재에 각별한 주의가 요구된다.

산 주변의 논두렁, 밭두렁 태우기도 금해야 한다. 이를 감시하기 위해서는 산불 감시원의 상시 근무가 필요하다고 본다.

산불에 경각심을 고취시키기 위해 플래카드, 깃발 등을 연중 게시하고 기관에서는 단체 교육 등을 통해 산불방지 교육을 해야 한다.

산불 진화를 위해서는 필요한 장비가 구비되어 있어야 하며, 보다 과학적인 진화방법이 필요하다고 본다.

소방차량 진입을 위한 산림도로 개설과 국유지나 공유지의 경우 예산이 허용된다면 일정 위험지역에 방화벽 설치도 필요하다.

산림 주변에 거주하는 사람들을 보호하기 위해 지하수전 등으로 소화전을 설치하는 경우도 있다. 산불 진화 시에는 기관요원뿐만 아니라 민간인도 참여할 수 있는 사전 계획과 교육훈련이 필요하다.

또한 국가 예산이 허용된다면 숲 가꾸기 사업도 꾸준하게 추진하였으면 한다. 숲이 너무 방치되어 있어서 화재 시에는 대처가 어려울 수 있기 때문이다. 일정구역 단위로 나누어 사전에 산불진화 계획을 세워 보는 것도 좋다.

산불로 인해 자연생태환경까지 손상될 수 있다. 산불 예방도 중요하지만 산불 발생 시에는 최소한으로 피해를 줄일 수 있는 방법들이 강구되어야 한다고 본다.

배설排泄

배설이란 사전적 의미로는 음식을 먹어 영양을 섭취하고 그 남은 찌꺼기나 부산물을 몸 밖으로 내보내는 것을 말한다. 그러나 배설이란 추가로 찌꺼기가 아닌 종족번식을 위한 배설이나 몸의 자체방어를 위해 배설하는 등의 어떤 목적적인 경우도 있다.

우리 몸의 배설에 대해 하나하나 알아보자.

콧물은 코 내부의 점막보호나 병원균 유입을 막기 위해 흘러내리며, 콧속의 체온조절을 위해서도 나온다고 한다. 다만, 슬퍼서 울 때 나오는 콧물은 눈물이 코안으로 흘러들어 나오는 것으로 엄밀히 말하면, 눈물과 섞여 나오는 것이다. 콧물은 알레르기성 비염이나 외부자극에 의해서도 나온다.

눈물은 슬픔이나 아픔의 감정으로 나오며, 연기나 먼지 등 외부자극에 의해서 나오고, 티끌이나 이물질이 들어

와서 나는 경우, 눈에 충격을 받은 경우에 흘러내린다. 이처럼 눈물은 눈을 보호하는 역할도 하지만, 감정을 표출하는 역할도 한다.

귀에서는 귀지가 병원균을 막기 위해서 생겨나며, 자연스럽게 귀 밖으로 배출된다. 귀지에는 마른 귀지와 젖은 귀지의 두 가지 형태가 있다. 마른 귀지는 노랗거나 회색으로 잘 부서지나, 젖은 귀지는 갈색이며 축축하여 염증으로 오해하는 사람이 있으나 병이 아니고 유전적으로 결정되는 것이라고 한다.

대변은 음식을 섭취하고 소화하여 몸에 흡수하고 그 남은 찌꺼기를 항문을 통해 몸 밖으로 배출하는 배설물이다.

오줌은 물질대사의 결과로 생긴 노폐물로, 신장에서 만들어져 수뇨관, 방광을 거쳐 요도를 따라 체외로 배출되는 담황색의 투명한 액체이다.

침은 살균과 해독을 해낼 뿐 아니라 침 속에는 소화효소가 있어서 소화를 돕고, 음식을 삼키기 좋게 하는 역할을 한다.

가래는 폐에서 목구멍에 이르는 공간에서 생기는 끈끈한 분비물로 각종 세균을 막아 주는 역할을 한다.

땀은 주로 더울 때나 운동을 한 후에 피부에서 분비되는 액체로 몸의 체온조절 효과와 몸의 노폐물을 배출한다.

생리는 성숙한 여성의 자궁에서 약 28일을 주기로 출혈하는 현상을 말한다.

성적 분비물은 남성의 경우 정액이 있고, 여성의 경우 질 내 분비액과 난자가 있다.

유방은 여성이 아기 출산 시 모유를 생산하는 곳으로 유두(젖꼭지)를 통해 아기에게 수유한다.

심적인 감정배출이란 우리가 살아가면서 느끼는 마음속의 여러 상황을 몸짓이나 말로 표현하는 모든 것을 말한다.

이렇듯 여러 배설 기관을 통해 몸의 건강 유지기능과 몸의 원활한 순환 기능, 새 생명의 탄생 기능 등을 한다.

배설은 되도록 참지 말아야 하며, 주기적으로나 수시로 그 기능을 다 할 수 있도록 노력하여야 한다.

나는 매일 아침이면 대변을 누는 습관을 들여놓았다. 건강한 몸을 유지하기 위하여 나름대로 나의 몸과 관련한 배설에 대하여 생각해 보자.

안경眼鏡

안경은 사전적 의미로 불완전한 시력을 조정하거나 먼지 따위를 막아 눈을 보호하기 위해 눈에 쓰는 물건을 말한다.

최근 매스컴의 보도에 의하면 조류의 공격으로 시력을 잃은 사람까지 나오면서 안경의 필요성이 새롭게 대두되었다. 일반적으로 안경은 시력교정을 위해 착용하는 것이라 알고 있다. 그러나 의외로 많은 면에서 안경을 활용하고 있다.

먼저 눈 보호를 위해 사용한다. 햇빛의 직사광선으로부터의 눈 보호와 먼지 등의 눈에 이물질 유입을 방지하기 위해서 그리고 새의 공격으로부터 안구 보호, 용접작업 시 시력보호, 화학물질에 의한 시력보호, 물속에서의 눈 보호를 위한 물안경 등 여러 경우가 있다.

다음은 자신의 이미지 숨기기이다. 이는 나 자신을 남

에게 노출하는 것을 꺼릴 경우나 이미지를 바꾸고자 하는 경우로 색깔이 있는 안경 유리나 안경테가 특이한 안경을 착용하기도 한다.

다음은 멋으로 착용하는 경우이다. 선글라스sunglass형의 안경을 많이 착용한다. 또는 안경테가 특이하게 제작된 안경도 있다.

다음은 특수 기능을 수행하기 위해 착용하는 경우이다. 정밀한 수술이나 관찰을 위한 현미경 기능을 가진 안경이나 특수 장치에 의해 촬영기능을 갖춘 안경이다.

다음은 기분전환으로 안경을 착용하는 경우이다.

다음은 심리적 안정을 위해 쓰는 경우이다.

다음은 시선이나 감정 숨김의 경우이다. 사람을 관찰하거나 경호 시 착용하는 안경의 경우이다.

이렇듯 안경은 여러 방면에서 활용되고 있다. 우리가 상시로 구비해야 하는 안경으로는 선글라스와 보안경 그리고 시력의 노화로 인한 돋보기안경이 있다.

결론적으로 안경은 시력이 나빠서만 착용하는 게 아니라 여러 용도에서 사용되므로 필요에 따라 안경을 구비해야 할 것으로 본다.

양심良心

양심의 사전적 의미는 어떤 행위에 대하여 옳고 그름, 선과 악을 구별하는 도덕적 의식을 말한다.

지금의 사회는 무수한 법을 만들어 사람들을 통제하고 있다. 그러나 법만큼이나 더 무수한 범법행위가 이루어지고 있다. 이런 범법행위를 개인마다 쫓아다니며 잡아내기란 어렵다.

법으로 다스릴 수 있는 것은 한계가 있어 보인다. 차가 다니는 찻길에서도 무단횡단을 하고, 사람과의 다툼에서 욕설을 하고, 아무 데서나 방뇨하는 경우, 쓰레기를 아무 데나 버리는 경우 등이 다 범법행위이다. 우리는 생활하면서 큰 죄만이 아니라 알고 보면 나도 모르는 범법행위를 수없이 하고 있는 것이다.

이런 점에서 법만으로 다스릴 수 없는 부분을 통제하고 예방하는 방법은 양심을 일깨워 주는 방법이라고 본다.

양심적인 마음을 기르고 일깨워 주는 방법으로는 인성교육과 도덕교육의 강화라고 본다.

고전적인 자료나 현실에 맞는 자료를 교과서적으로 엮어서 학생들에게 배부하여 익히게 하면 좋으리라고 본다.

공영매체를 통해서도 인성교육과 도덕교육에 대한 강좌를 10분 정도 분량으로 만들어 전 국민이 지속적이고 일상적으로 볼 수 있도록 하였으면 한다.

인성교육과 도덕교육은 학교뿐만 아니라 국민 모두가 습관처럼 익힐 수 있도록 한다면 법만을 강조하는 법치만능주의보다 국민 스스로가 올바른 행동을 할 수 있도록 함이 더 좋으리라는 생각에서 한 제언이다.

건배乾杯

건배의 사전적 의미는 서로의 건강이나 행복 따위를 빌면서 함께 술잔을 들어 마시는 것을 말한다.

따라서 건배를 할 때는 좋은 말을 붙여 그럴듯한 분위기를 만들어야 한다. 건배의 말은 그 상황이나 분위기 파악이 최우선이다.

건배의 말 한마디는 어디에서나 할 수 있도록 평상시에 몇 가지 기본적으로 준비하고 다니는 게 좋다.

건배사를 하기 전에 분위기에 맞는 명언을 인용하면 더욱 좋다.

많이 쓰는 건배사 몇 가지를 들어 보면 다음과 같다.

아자!(선창) 가자!(후창)

000을!(선창) 위하여!(후창)

내일의 승리를 위하여!(선창) 파이팅!(후창)

벌려!(선창) 넣자!(후창)

따르라!(선창) 마셔라!(후창)

나발!(선창) 불자!(후창)

아자!(선창) 가자!(후창)

오늘!(선창) 좋구나!(후창)

흥청!(선창) 망청!(후창)

뜻을 설명하고 선창에 따라 후창을 하는 건배사

오징어!(오래도록, 징그럽게, 어울리자)

사이다!(사랑을, 이 술잔에 담아, 다함께 마시자)

이기자!(이런, 기회, 자주 만들자)

통통통!(운수대통, 의사소통, 만사형통)

찬찬찬!(희망찬, 활기찬, 가득찬)

건배사는 자신이 얼마든지 만들어 사용할 수 있다.

다음은 건배사 요령에 대하여 알아보자.

1) 건배사는 먼저 하는 게 멋져 보인다.

2) 건배사 하기 전에 사람들을 둘러보며 주위를 집중시켜라.

3) 건배사는 간략하게 하라.

4) 건배사에 장단이나 음률音律을 넣으면 효과가 더욱 좋다.

5) 잔을 부딪치며 서로 눈을 보게 하라.

6) 구호는 힘차게 하라.

7) 마무리로 박수를 쳐라.

특히나 건배사는 술자리에서 빠질 수 없는 절차이다. 미리 준비해서 멋있는 술자리 분위기를 만들어 보자.

노인의 나이

　누구나 나이 먹으면 노인이 된다. 그러나 요즘 젊은이들은 노인에 대한 시선이 곱지 않아 보인다. 심지어 공식적인 회의석상에서도 노인 폄하貶下 발언을 서슴없이 하는 시대가 되어버렸다.

　노인의 나이대에 대하여 70대부터라느니 80대부터라느니 말이 많지만, 내가 보기엔 60대부터 해당이 된다고 본다. 직장을 퇴직한 후의 나이대다. 60대 나이에 노인이란 말에 거부감을 느낄 수 있지만 어쩔 수 없는 사회적인 현실이다.

　노인 나이대에 어떻게 재취업으로 직장에 들어갔다 하더라도 특정 대우보다는 어딘가 모르게 무시당하는 서러움을 당할 수 있다.

　나이 먹은 노인들이 생각하는 것은 나이가 먹어서 대접을 받자는 게 아니라 나이 먹었음을 이해해 주고 배려해

주는 사회풍도를 바라는 것이다. 옛날 도덕책에서 배우던 노인 공경은 그 시대의 말이 되어버렸다. 요새는 부모라도 몸이 불편해지고 병이라도 들면 요양원으로 모시기 쉽다.

평균수명의 연장으로 이제는 고령화 시대에 접어들어 노인 인구가 많이 늘었다. 노인이라고 일자리를 만들어 주지 않고 경로당이나 등산, 공원, 각 지역에 마련된 복지관 프로그램 참여 등으로 시간이나 보내게 한다면 사회 문제화될 염려가 있다고 본다.

나이를 먹었어도 유능하고 건강한 노인은 많다. 보수나 수당을 많이 주는 것이 아니더라도 이런 노인들이 지역 사회나 국가에 이바지할 일거리를 만들어 일할 수 있게 한다면 사회적으로나 경제적으로 많은 도움이 되리라고 본다.

근무시간은 종일제가 아닌 주 단위 일정 시간제로 여러 사람이 교대 근무할 수 있게 하면 좋으리라 본다. 희망에 따라서는 생산성이 있는 일반 회사도 좋다.

모든 사람이 일하는 사회를 만든다면 다 같이 행복할 수 있고 지역사회나 국가 발전에도 지대한 영향을 미칠 것이다.

마지막으로 송강 정철의 〈훈민가〉에 나오는 시조 한 수를 읊어 보자.

이 보오 저 늙은이 짐 벗어 나를 주오

나는 젊었거늘 돌인들 무거우랴

늙기도 서럽거늘 짐조차 지실까

5장

울타리

울타리의 사전적 의미는 담 대신 나무 따위를 얽어서 집 따위를 둘러막거나 경계를 가르는 물건을 말한다.

요새는 울타리의 종류가 엄청 많아졌다.

예전에는 대나무 울타리, 싸리나무 울타리, 수숫대 울타리 등 재질에 따라 붙여진 이름이고 지금은 반영구적인 철망 울타리나 나무를 심어 만든 생울타리가 많이 조성되고 있다.

울타리의 의미를 살펴보면 다음과 같다.

첫 번째 경계의 표시 역할을 한다. 경계를 둠으로써 내 땅을 보호할 수 있고 토지를 자유롭게 이용할 수 있다.

두 번째 외부인으로부터 무단침입을 막을 수 있다. 도둑이나 원하지 않은 사람들의 침입 등을 막을 수 있다. 일단 울타리를 넘어 들어오면 주거침입죄가 성립한다.

세 번째 나만의 사생활 보호 공간의 확보이다. 울타리

안에서는 사적인 모든 행위를 보장받을 수 있다. 그러나 상황에 따라 제한을 받을 수도 있다. 과도한 소음을 발생한다든지 도덕적으로 온당하지 못한 행위를 보여주는 경우이다.

울타리는 개방성에 반대개념으로 원시시대에는 울타리 개념이 없다가 부족이 형성되고 그들만의 공간이 확보되면서 외부의 침입을 막을 목적으로 울타리가 조성되었으리라.

한때는 울타리 없애기 운동을 하면서 멀쩡한 담을 부숴 나무를 심어 놓는 때도 있었다. 그러나 통제할 수 없다는 이유로 다시 울타리를 막는 경우도 있다.

빌딩 같은 건물은 울타리가 없고 건물 외벽 자체가 울타리 역할을 한다.

울타리에 대한 논란은 많지만 나는 울타리가 필요하다고 본다. 물론 벽이나 울타리를 아무리 높게 쌓아도 외부 침입은 손쉽게 할 수 있다.

우선 울타리가 있으면 든든한 심리적 안정감이 든다.

다음은 일반 외부인들이 보았을 때 울타리가 조성되어 있으면 울타리를 넘어가려고 하지 않는다. 그러나 울타리가 없으면 자연스럽게 넘나든다.

다음은 안전에 대한 보장이다. 울타리가 있으면 외부인이 침입할 시 일차로 울타리를 넘어야 하고 2차로 현관문을 열고 들어와야 하는 부담감을 준다. 그리고 울타리가 있으면 안전관리에 편리성이 많다.

울타리! 과연 필요한가는 각 개인의 판단에 의하여야 할 것으로 본다.

삶의 지혜 얻기

삶의 지혜를 얻기 위해서는 부단한 노력이 필요하다. 과거에 배웠던 것에 안주하게 되면 시대에 뒤떨어진 사람으로 평가받을 수 있다. 무엇보다 현 사회에 적응하기가 어려워진다.

세상을 살다 보면 내가 모르는 정보가 많다. 이런 정보 획득은 사람과의 우연한 대화나, 걸어다니는 컴퓨터라고 하는 휴대폰, 책 등 다양한 곳에서 자료를 얻을 수 있다.

이 중에서도 사람과의 대화에서 제일 손쉽게 정보를 얻을 수 있다. 사람을 많이 접촉하기 위해서는 직장뿐만 아니라 동호인 모임이나 각종 모임, 교육 참석, 행사 참여 등이 있다.

다음으로 방송 매체나 인터넷망을 이용한 정보 획득이 있다. 텔레비전, 전화통화, E메일 교환, SNS(Social Network Service : 온라인상에서 불특정 타인들과의 관계망을 구축하고 정보 관리를 도와주는 서비스), 블로그 blog, 카페, 유튜브를 통해서 정보를 얻을 수 있다.

다음으로 책이다. 요즈음은 책을 멀리하는 사람들이 많다고 한다. 그러나 책에도 의외로 많은 정보가 있다. 가끔은 인터넷에서 판매하는 서적을 검색해 보거나 서점에 들러 무슨 책들이 있는지 살펴보는 것도 좋다.

현시대에 뒤떨어지는 사람이 되지 않기 위해서나 삶의 지혜를 얻기 위해서는 이처럼 많은 정보 제공처를 찾아보는 게 좋으리라고 본다.

물건 버리기 문화

우리는 쓰던 물건을 버리는 것에 익숙해졌다. 이사를 하면 당연한 것처럼 버리는 물건이 많다. 새집으로 들어갈 때 물건을 새것으로 사서 들어가기 때문이다. 책장이며, 식탁, 냉장고, 텔레비전 등 아파트 재활용 분리 코너에 가면 별의별 것이 다 나와 폐기처분을 기다리고 있다.

학교에도 학년말이 되어 교실 청소를 하다 보면 학생들이 버리고 간 물건들이 많이 나온다. 교과서며 필기구, 리코더 악기, 스케치북, 공책, 연습장, 실내화 등이다.

분실물 센터에도 물건들이 쌓여있다. 잃어버린 물건을 물건 주인이 찾아가지 않기 때문이다.

나의 학창시절에는 연필 한 자루라도 잃어버리면 반드시 찾아다녔고, 우산이라도 잃어버리면 집에서 어머니에게 꾸지람을 받았다.

요새는 우산 정도는 찾아 가려고도 하지 않는다.

버리는 물건의 경우를 보면, 싫증 나서 버리고, 흠이 생겨 버리고, 더러워서 버리고, 오래되어서 버리고, 가져가기 귀찮아서 버리고, 유행이 지나서 버리는 등 버리는 문화가 당연시 되어 있는 듯하다.

나는 평상시 쓰던 물건이 손에 익숙해져서 사용하기 편리할 뿐만 아니라 애착도 생겨나 쓰던 물건을 함부로 버리지 않는다. 이 또한 생활비도 절약할 수 있는 방법이라 생각한다.

우리나라는 자원이 풍부한 나라가 아니다. 되도록이면 닦아 쓰고, 고쳐 쓰고, 아껴 써서 내 물건에 대한 애착과 사랑을 가져보자. 되도록이면 물건의 수명이 다 할 때까지 사용하고 신중하게 버리는 절약정신을 가졌으면 한다.

수명壽命과 장수長壽

수명이란 태어나서 죽을 때까지의 기간을 말하고 장수는 오래 사는 것을 말한다.

사람의 수명에 대해서는 의견이 분분하다.

젊은 사람들이야 수명이니 장수니 하는 말에는 별로 신경을 쓰지 않는다. 나이가 들어가면서 나는 얼마나 살 수 있을까 하고 수명을 생각하게 되고, 장수비결은 무엇인지에 대해 신경을 쓰기 시작한다.

요새는 노랫말처럼 평균 수명을 100세로 보고 모든 사람들이 살아간다. 그러나 가족이나 친척, 이웃을 살펴볼 때 100살까지 장수하기란 쉬워 보이지 않는다.

우리가 100세까지 살려면 장수를 위한 나름의 비결이 있어야 한다.

장수의 비결에 대해 종합하여 정리해 보면 다음과 같다.

1) 충분한 수면이다. 7시간 이상 자야 한다.

2) 적당한 영양 섭취가 있어야 한다.

3) 꾸준히 운동을 해야 한다. 운동과 더불어 일광욕도 신경 쓴다.

4) 죽을 때까지 일을 하고 살아야 한다.

5) 나이가 먹을수록 과식하지 말고 적당량 소식하여야 한다. 음식을 섭취할 때는 천천히 오래 씹으면서 즐겁게 먹어야 한다.

6) 긍정적인 마음가짐으로 밝게 살아야 하며, 스트레스를 받지 않아야 한다.

7) 사람들과 어울리는 활동을 해야 한다. 배우자, 가족, 친구, 이웃, 지인 등과 대화를 통한 인간관계가 유지되어야 한다.

8) 하루 일과를 정해놓고 규칙적으로 생활해야 하며, 충분한 휴식시간을 갖는다. 불필요한 기억은 지우고, 필요 없는 걱정을 하지 않는다.

9) 계속 새로운 도전을 계획하고 실행한다.

우리는 "얼마나 오래 살 수 있을까?"가 중요하지 않고 "죽을 때까지 무엇을 하며 어떻게 살 것인가"가 중요하다고 본다.

　네덜란드 철학자 스피노자의 "내일 지구가 멸망할 지라도 나는 오늘 한 그루의 사과나무를 심겠다."는 명언이 생각난다.

　생명이 다하는 날까지 내 몸을 잘 관리하고 생을 즐길 수 있는 여유를 가진다면 이게 인생의 보람이요, 행복이 아닌가 생각한다.

책과 독서讀書

그동안 나는 책하면 수험서나 직무관련 책을 많이 읽었다. 바쁘다는 핑계로 교양서적이나 여타의 책은 거의 읽지 못했다.

책에 관한 격언은 많이 있다. 몇 가지를 들어보면, "책은 나의 스승이다", "책은 마음의 양식이다", "책은 간접경험이다", "책 속에 길이 있다" 등이다.

요즘은 매스컴이 발달하여 텔레비전이나 휴대폰 등에 정보가 넘쳐나 책을 가까이하기가 쉽지 않다.

그러나 취직시험이나 자격시험 준비에 있어서는 서적을 사서 봐야 하고, 기타 전문분야 연구를 위해서도 책은 필수이다.

마음의 여유를 갖고 인생을 즐기기 위해서는 교양서적을 많이 읽는 게 좋다.

독서 방법에 대하여 분류 없이 나열해 보면 다음과 같다.

음독音讀은 소리를 내며 읽는 것을 말하며, 운율韻律을 살려 읽어야 할 필요가 있는 시 낭송에 알맞다. 잡념이 많아질 때 소리 내어 읽기도 하며, 암기력에 도움이 된다고 한다.

정독精讀은 책의 내용 중 단어나 문장 내용을 파악하며 읽는 방법이다. 시험 관련 서적이나 전문서적 읽기에 적당하다.

속독速讀은 빠른 속도로 읽는 것을 말한다. 신문이나 잡지를 읽을 때나 문학작품 등 교양서적 읽기에 적합하다.

다독多讀은 여러 가지 종류의 책을 많이 읽는 것을 말한다. 교양과 관련된 서적에 좋다.

묵독默讀은 소리를 내지 않고 눈으로 읽는 것을 말한다. 내용의 이해 집중도를 높이거나 읽는 속도를 빨리할 때 적합하다.

편독偏讀은 좋아하는 내용의 책만을 골라서 보는 것을 말한다.

통독通讀은 처음부터 빠짐없이 읽는 방법을 말한다. 처음부터 내용을 이해해야 하는 동화, 소설 등의 독서 방법이다.

지독遲讀은 책의 내용을 천천히 읽어가며 노트 등에 기록하는 방법으로, 전문적인 내용의 어려운 글을 읽는 데 적합하다.

적독摘讀은 책의 필요한 부분만 읽는 방법으로 발췌拔萃독이라고도 한다. 사전에서 단어 찾기나 동물도감 등 필요한 부분만 찾아 읽는 방법이다.

색독色讀은 글을 읽을 때 문장 전체의 의미를 파악하지 아니하고 글자가 표현하는 뜻만을 이해하며 읽는 것을 말한다.

체독體讀은 표현된 것 이상의 의미를 마음으로 느끼며 읽는 것을 말한다.

완독玩讀은 글의 뜻을 깊이 생각하며, 비판하지 않고 오로지 읽기만 하는 것을 말한다.

책 읽는 방법은 그 밖에도 여러 가지가 있다.

나는 전자책보다 종이로 만들어진 책을 좋아한다. 종이로 된 책은 평생 보관할 수 있으며 언제든 손으로 펼쳐볼 수 있어서 좋다.

나는 대개의 경우, 잡은 책은 처음부터 끝까지 다 읽는

다. 내용이 어렵다든지, 재미없다든지, 어설프다든지 따지지 않고 대충이라도 다 읽어야 시원하다. 이렇게 다 읽고 나면 자신감과 성취감이 생긴다.

다 읽은 책은 내가 만든 나의 도서대장에 등재해 놓는다. 도서대장 기록내용은 일련번호, 도서명, 저자, 출판사, 발행일, 등재일 등이다.

그리고 읽은 책은 버리지 않고 되도록 보관해 놓는다. 다음에 참고하거나 활용하기 위해서다.

사람마다 독서하는 방법도 다르고, 책 관리도 개별적인 방법으로 처리할 것이다.

책은 영원불변하다고 본다. 오래된 책이 나중에는 더 값어치가 있을 수 있다. 옛날 값나가는 고서古書처럼 소중하게 여겨 질 수도 있다.

내가 초등학교 다닐 때(1960연대)의 교과서를 모아 두었으면 골동품으로서도 값어치가 있을 것이다.

그런 면에서라도 책은 소중하게 보관하고 관리할 필요가 있다. 값어치 없다고 버리지 말고 되도록 보관하는 습관을 가져봤으면 한다. 언제든 다시 찾아볼 수도 있고, 여러 사람들과 돌려 볼 수도 있으며 보관한 만큼 값어치 나가는 책이 될 수도 있다. 나는 모아놓은 책도 재산이라고 생각한다.

무엇보다도 책을 많이 읽다보면 마음의 양식도 얻을 수 있고, 삶의 방향도 제시 받을 수 있으며, 인생의 목표가 생길 수 있다. 책은 말 없는 스승이다.

수험서나 전문서적은 나의 평생 직업을 갖는 데 필수적인 도서이다. 책은 내가 살아가는 데 없어서는 안 될 귀중품이라고 본다.

예비 豫備

예비의 사전적 뜻은 필요할 때를 위해 미리 준비해 놓음을 말한다.

언젠가 사진을 찍으려 밖에 나가서 한참 열심히 찍다가 배터리가 다 소모되어 더 이상 사진을 찍을 수 없었다. 아직 더 많은 소재를 촬영해야 하는데 배터리가 없어 포기할 수밖에 없는 상황이 된 것이다.

'사전에 예비 배터리를 챙겨 놓았어야 했었는데'라고 그때야 후회했다.

우리가 일상적으로 생활하면서 예비적으로 챙겨야 할 것은 있다. 공공기관에서는 예산을 짤 때, 어떤 긴급 상황을 대비하기 위해, 전체 예산의 일정비율을 예비비로 편성한다. 연필이나 필기구도 필통에 2~3자루 이상 가지고 다녀야 한다.

중요 행사장에는 정전을 대비해서 예비 발전기를 구비

해 놓아야 한다. 집에서도 예비비 성격의 비상금을 비축해 놓아야 한다.

해외 여행할 때 카메라를 들고 가게 되면 예비 배터리와 예비 메모리카드를 챙겨야 한다. 악기의 경우 대금은 예비로 하나 더 구비해서 가지고 다니면 좋고, 장구의 경우 궁굴채와 열채를 하나 더 가지고 다닐 수 있다. 각종 기계에서도 자주 교체할 예비부품은 구비되어 있어야 한다. 요새는 마스크 착용이 일상화 되어서 예비마스크도 항상 챙겨 놓아야 한다.

우리가 행사나 여행, 일의 추진 등에 있어 필요한 예비 물품은 무엇인지 생각해 보는 마음가짐이 필요하다.

예비와 대비對備는 상관 용어이다. 사전에 예비물품을 잘 갖추어 놓아야 무슨 상황에도 대비할 수 있다.

중요한 것 먼저 챙기기

우리가 어떤 목적을 가지고 움직이다보면 중요한 자료나 물건을 챙겨야 할 때가 있다. 이때 어떤 간섭효과에 의해 마음이 혼란해 지거나 다른데 정신이 팔리면 챙겨야 할 물건을 빠뜨리거나 잊어버리게 된다.

예를 들면, 학생들은 그날 수업 시간표에 맞춰 해당 책이나 준비물을 잘 챙겨야 한다.

그러나 책가방을 챙기는데 엉뚱한 생각에 빠져 있거나, 누군가 말을 걸어 혼란스럽게 만들어 버리면 거기에 신경 쓰느라 엉뚱한 책을 챙기거나 빠뜨려 버리는 실수를 하게 된다. 군인이 전투에 참여하는데 총만 들고 실탄을 안 챙겨 나가는 경우와 같다.

우리가 일정에 따라 움직이면서 챙겨야 할 물건이나 자료가 있는 경우, 우선 염두에 두고 챙기자. 챙겨야 물건이 많으면 목록을 만들어서 일일이 확인하여서라도 빠진 물건이 없도록 해야한다.

간섭효과를 경계하자. 뭘 챙기려 하는데 전화가 와서 흥분을 유발하는 통화를 하다 보면 중요하게 가져가야 할 물건을 잃어버릴 수 있다. 또는 말을 걸어오면 대답에 신경 쓰느라 챙겨야 할 물건을 빠뜨릴 수 있다. 이런 심리적 간섭이 있는 경우, 내 정신을 가다듬고 더욱 경계해야 한다.

중요한 물건은 옆 사람의 도움을 받아서라도 빠진 것이 없는 지 확인해 봐야 한다.

중요한 물건을 챙기는데 옆에서 정신을 흐트러뜨리는 행위를 하면 안 된다.

집을 나서면서 지금 챙겨야 할 물건이나 자료를 다 챙겼는지 반드시 확인하는 습관을 지녀야 한다.

보이는 것만의 판단

.

우리는 사람이나 사물을 볼 때 극히 보이는 면만을 보고 판단하는 경우가 많다. 그러나 보이지 않는 면이 더 많을 수 있다.

사물을 겉으로 보는 부분도 앞면, 옆면, 뒷면, 윗면, 아랫면처럼 보는 방향이나 각도에 따라 달라져 보인다.

내면의 구조나 내용물 또한 판단의 범주에 들어가야 한다. 사람을 겉모습만 보고 판단할 게 아니라, 내면적인 것도 살펴볼 필요가 있다는 것이다.

내면적인 경우로는 여러 방면의 지식이나 기술, 특기, 사상, 예술성 등 다양하게 많다.

사람에 대해서도 심층적으로 접근하지 않으면, 그 사람의 생김새만을 볼 수밖에 없어서 중요한 내면 능력을 판단할 수 없다. 여기서 존경할 만한 능력이나 특기 등을 알게 되면, 존경의 대상이 되고 그 사람을 달리 보게 된다.

사람은 대부분 자기만의 장점이나 특기 등 뛰어난 부분이 의외로 많다.

사람을 판단할 때, 못하는 면만을 보지 말고, 잘하는 면을 찾아보는 것이 좋다. 그 사람의 장점을 아는 게 나에게 더 큰 도움이 될 수 있다.

못하는 면만을 보고 경솔하게 판단하거나 함부로 행동한다면 관계가 멀어질 수 있고, 무례를 범할 수 있으며, 손해를 볼 수 있다.

따라서 만난 사람의 진면목眞面目을 미처 알지 못했다면, 보이는 대로 경솔하게 판단하지 말고 누구나 인격체로서 정중하게 대해야 한다. 상대방의 장점이나 배울 점을 잘 찾아보는 것도 자신만의 좋은 능력이라고 본다.

조언助言은 귀담아 들어라

조언은 가족이나 직장동료, 직장상사, 부하직원, 친구, 일반 지인 등 많은 사람들로부터 받는다. 그러나 대부분 무시하거나 오히려 기분 나빠하기 일쑤다.

나의 경험담으로 학교에 근무하면서 학교 홈페이지에 나의 사진이나 일상의 일들을 게재하였다가 교장선생님에게 조언을 받은 적이 있었다. 이런 것은 개인 블로그를 이용하면 좋겠다는 의견이었다.

그 당시에는 조금 기분이 안 좋았다. 그러나 내가 블로그를 운영해 보니 그 말이 맞았다. 학교 홈페이지는 공공용의 내용으로만 사용하는 게 맞았다.

다음으로는 일선에 근무하면서 직장 동료가 나에게 근무하는 태도에 대해 조언하였다. 나는 그냥 흘려들었다.

그런데 그게 큰 결점이 되어 화를 당한 적이 있었다. 그때는 다들 그렇게 근무하니까 대수롭지 않게 생각한 탓이었다.

다음으로 취미활동 분야의 조언이다. 내가 하고 있는 일부 분야의 취미활동이 개인적으로나 사회적으로 맞지 않다는 지인의 조언이었다. 나는 이번에도 대수롭지 않게 생각하였다.

그러나 지내놓고 보니 그게 맞는 것 같다. 레슨비로 많은 돈을 들여 투자한 만큼 결과가 나지 않는 경우이다.

다음으로 나는 우리 집에 노래방 기기를 사놓고, 노래를 크게 부르고 놀았다. 아내는 이를 못마땅하게 생각하며 노래 소리가 너무 크다고 조언하였다.

우리 집은 시골이라 이웃으로부터 그렇게 간섭을 받지 않아서 대수롭지 않게 생각하였다. 그러나 다른 사람이 노래하고 노는 것을 들으니 그게 아니었다. 다른데 같으면 소음으로 인한 민원이 제기될 판이었다.

이렇듯 조언을 흘려들어서 화를 당하거나 손해를 보는 사례는 무수히 많다.

아무리 하찮은 조언이라도 크게 생각하고 듣자. 그리고 곰곰이 생각하면서 반성해 보자.

"내 이마에 검불은 보이지 않는다"고 했다. 나의 약점을 나는 잘 알지 못한다는 말이다.

　나보다 어느 분야에서는 정보가 빠른 이가 있다. 생각하고 조언해준 정보를 묵살하여 손해를 보거나 화를 당하는 일이 없도록 하자.

어머니는 자식이 늙어도 어머니이다

산행을 하면서 어머니와 아들의 대화를 듣게 되었다. 나이가 많이 드신 어머니가 앞에 가고 아들이 뒤에 따라가는데, 앞서가는 어머니가 한사코 일러주는 것이었다.

"여기 돌부리 있다", "여기는 나무뿌리구나"라고 말했다. 그 뒤를 따르는 아들은 "다 알아요" 하고 짜증스럽게 대답하였다. 모자의 유별난 산행이랄까?

부모가 나이가 들고 자식도 따라 나이가 먹어도 부모 입장에서는 항상 어린 애 같은 생각이 들 것이다. 부모는 자식이 못 미더운 것이다.

노파심老婆心에서 한 말이거나 자식 사랑에서 한 말이다. 자식 된 입장에서는 "예"하고 공손히 받아주는 게 도리가 아닐까 한다.

그러나 부모에게 "왜 쓸데없는 걱정을 할까", "노인네가 할 일 없이 잔소리만 많아졌네." 등 걱정하는 부모에게 핍박을 주는 말투나 무시하는 말투, 폄하하는 말투를 사용하기 일쑤다.

부모는 자식이 늙어도 항상 어릴 때 사랑스러운 자식으로 생각하며 살아간다.

부모에게는 끝까지 예를 갖추어 모시자. 부모에게 심한 모멸감을 주는 말씨를 사용하여서도 안 되고, 나이 들었다고 노인을 깎아내리는 발언을 해서도 안 된다.

짜증 섞인 말투로 응답하지 말고, 대답은 "예"하고 공손하게 대하자. 부모 마음을 편하게 배려하는 게 효도가 아닌가 생각한다.

자식의 길

길 가다가 우연히 엄마와 아들의 대화 내용을 듣게 되었다. 엄마는 아들 취업이 걱정이 되어선지 이말 저말을 하였다. 그러나 아들이 대뜸 "엄마는 아들 뒷바라지만 하면 돼, 아들한테 뭘 강요하지 마. 아들의 인생은 따로 있어. 엄마가 책임질 거야?"라고 말하였다.

한참을 생각하게 하는 말이었다. 옛날 같으면 직업은 물론이거니와 혼인까지도 일러주고 정해준 대로 따랐다.

그러나 지금은 자식 본인들에게 거의 모든 분야에서 자율권을 주어 버린다. 만약 부모 말에 따랐다가 인생이 잘못 풀린 경우 그 원망을 어찌 감당할 것인가? 부모인생은 부모인생, 자식인생은 자식인생인 것이다.

이제는 자식의 인권을 존중해줘야 한다고 본다.

지금은 모든 분야에서 "자율自律"이란 단어를 즐겨 사용한다. 자율이란 사전적 의미로 남의 지배나 구속을 받지 않고 자기가 세운 원칙에 따라서 스스로 규제하는 일을 말한다.

부모는 옆에서 자식에게 조언만 할 뿐이라고 생각한다. 자식은 본인의 능력과 주변 상황 그리고 자기가 원하는 방향으로 인생길을 가려고 할 것이다.

부모의 욕심으로 자식의 인생길을 막아서는 일이 없어야 한다고 생각한다. 그리고 자식은 자신이 선택한 것에 대해서는 자신이 책임을 져야 하며, 선택의 결과에 대해서 누구도 원망해서는 안 된다고 본다.

하늘에 계신 아버지께

아버지! 하늘나라에서 잘 계시죠?

불효자도 아버지께서 보살펴주신 덕분에 무탈하답니다.

제가 군대생활을 하던 중 아버지의 안부 편지를 받았습니다. 그러나 변명 아닌 변명으로 그때는 답장을 쓰지 못했습니다.

사실 그때 답장을 쓰지 못한 것을 많이 후회한답니다.

이제야 아버지에게 답변의 글을 씁니다.

그때 아버지의 편지는 저에게는 처음이자 마지막 편지였습니다. 그래서 그 의미가 크고 저에게는 소중한 편지가 되었습니다.

그 당시 아버지께서는 몸이 몹시 편찮하셔서 아들에게 무엇인가 남기려는 글이었다는 생각이 듭니다.

군대생활을 어렵게 하면서 항상 아버지 걱정을 하였습니다만 병마를 이기지 못하시고 일찍이 하늘나라로 떠나가신 아버지.

불효자는 아버지가 떠나셨어도 항상 살아계신 것 같이 마음에 두고 이제까지 살아왔답니다.

어린 시절에는 아버지에게 떼를 쓰고 울면서 귀찮게만 하였던 아들이었고 커가면서도 철부지처럼 나만 알았던 그런 불효자였습니다.

제가 철부지처럼 뛰어다니면 "철이 언제나 들거나" 하고 나무라시던 아버지의 모습이 지금도 선합니다.

그때 아버지가 꿈꾸고 바라시던 아들이 되지 못한 불효자는 이제야 무릎 꿇고 엎드려 그 죄를 청합니다.

아버지가 하늘나라에 계신데도 저는 빌었습니다. 시험에 합격시켜달라고. 건강하게 해달라고. 어려움이 있을 때마다 아버지 산소를 찾아 보살펴주시기를 바랐습니다.

아버지는 영원히 저의 가슴속에 살아 계신 것입니다.

저는 이제 나이가 먹어 황혼기에 접어들었어도 영혼이 연결된 아버지의 영원한 아들인 것입니다.

불효자는 아버지께서 보살펴주신 덕으로 행복한 삶을 살고 있답니다. 직장도 무난히 정년퇴임하여 연금으로 노후 생활을 하고 있답니다. 자식은 든든한 아들과 예쁜 딸 둘을 두었답니다. 손주도 아들 손주 두 명, 딸 손주 두 명을 각각 두었답니다.

이번에 저의 아들 며느리도 공무원 시험에 합격하여 마음이 흐뭇하고 기쁘기 한량없습니다.

모두가 아버지의 보살핌이라 생각합니다.

우리 육남매 자식들도 무탈하게 잘 지내고 있답니다. 명절 때나 제사 때는 모두 모여 함께 시간을 보낸답니다.

누나는 나이 들어 경제적으로 어렵게 살아가고 있다고 하니 마음이 아픕니다. 셋째 아들은 재산을 많이 탕진한 결과 이제는 잡일을 하면서 힘들게 살아가고 있답니다. 이렇게 사는 동생을 보면서 한때는 나무라기도 하고 원망도 했지만 지금은 짠한 마음이 생긴답니다.

불효자는 형제자매의 우애에 더욱 매진하도록 하겠습니다. 모두가 아버지의 자식 들이고 피를 나눈 식구들이란 것을 잊지 않고 살겠습니다.

이제까지는 아버지에게 항상 바라고만 살았습니다.

이제부터는 아버지를 위해 무엇을 할 것인가 생각하며 살겠습니다.

살아생전 아버지의 뜻이 무엇인지 알아보고 그 유지를

받들도록 노력하겠습니다.

생전에 아버지의 기억을 더듬어 나름의 자서전도 써보고, 우리 육남매의 글도 모아 책으로 발간하도록 하겠습니다. 이렇게 해서 아버지의 고귀한 흔적을 남기도록 하겠습니다.

능력이 된다면 조상님들의 물품을 전시하는 유물 전시관도 건립하고 싶습니다.

조상님의 묘지도 제가 책임감을 가지고 힘껏 보살피도록 하겠습니다.

아버지께서 보이지 않게 항상 지켜주시고 보살펴주심에 감사드립니다.

아버지 감사합니다.

아들 영성 올림

불교문예작품선

삶의 숲
ⓒ김영성 수필집, 2023, Printed in Seoul, Korea

초판 인쇄 | 2023년 07월 01일
초판 발행 | 2023년 07월 07일

지은이 | 김영성
펴낸이 | 문병구
편　집 | 구름나무
디자인 | 쏠트라인saltline
펴낸곳 | 불교문예출판부

등록번호 | 제312-2005-000016호(2005년 6월 27일)
주　　　소 | 03656 서울시 서대문구 가좌로 2길 50
전화번호 | 02) 308-9520
전자우편 | bulmoonye@hanmail.net

ISBN : 978-89-97276-71-4 (03330)
값 : 13,000원